Das große Knödelbuch

Christine Taylor

Das große Knödelbuch

90 rundum gelungene Rezepte

Weltbild

Inhalt

KNÖDEL – EINE RUNDE SACHE

Deutsche Klöße und Knödel sind allseits beliebt. Ob Bayern, Thüringen, Schwaben oder Sachsen – jede Region hat ihre eigenen Rezepte. Im Norden nennt man ihn Kloß, im Süden heißt er Knödel. Vom althochdeutschen »Chnodo« oder »Knoto« sollen die Namen Klöße und Knödel stammen. »Knoto« wiederum hat seinen Ursprung wohl im römischen »nodus« (der Knoten) bzw. »nodulus« (das Knötchen). Gewiss ist, dass die Namen etwas mit Knoten oder Kneten zu tun haben.

Nicht nur in Bayern beliebt

So mancher hält Bayern für das Heimatland der Knödel, doch sie sind weiter gereist. Bauernknödel mit Mehlteig kommen aus Thüringen, der berühmte Serviettenknödel stammt aus Böhmen. Kartoffelknödel sind aus dem Osten nach Bayern eingewandert. Auf ihrem Weg über Österreich nach Norditalien entstanden die heute auch bei uns beliebten Gnocchi.

Aus Fleisch, Kartoffeln und Brot

Bereits im Mittelalter kannte man Knödel – zubereitet als Fleischknödel, versetzt mit Brotstücken als Bindemittel. Nach dem Dreißigjährigen Krieg und in den folgenden zwei Jahrhunderten jedoch war Fleisch unerschwinglich – eine Delikatesse für Sonn- und Feiertage. So gaben die Menschen immer mehr Brot in den Knödel und schufen den Brot- und Semmelknödel. Die ersten Rezepte für Kartoffelknödel entstanden im 16. Jahrhundert, als die Kartoffel von den ersten Entdeckern aus Amerika nach Europa mitgebracht wurde.

Die in Wasser, Milch oder Brühe gegarten Bällchen gibt es in den unterschiedlichsten Größen und Varianten. Meist bilden rohe oder gekochte Kartoffeln, Brötchen oder Mehl die Grundlage. Man serviert sie als Suppeneinlage, als Hauptspeise oder Beilage oder als Nachspeise zum Dessert. Es gibt sie gefüllt, paniert oder gebacken.

Gutes Gelingen garantiert

Ganz gleich, für welche Art der Zubereitung Sie sich entscheiden, wichtig ist, dass Sie einige Grundregeln beachten. Wie Sie Knödel, Klöße und Nockerln am besten zubereiten, lesen Sie auf Seite 11. Ob Semmel-, Leber-, Speck- oder Germknödel – mit diesem Buch ist das Knödelkochen kinderleicht!

Wenn Sie gern auf Vorrat Knödel produzieren wollen, ist das kein Problem: Die meisten Knödel lassen sich gut einfrieren. Am besten erst einzeln vorfrieren und dann in einem Gefrierbeutel verpackt lagern. Bei Bedarf werden die Knödel dann in kochendem Wasser aufgetaut und erhitzt.

RUND UM KLOSS UND KNÖDEL

Sprachforscher und Historiker beschäftigen sich schon lange mit Ursprung und Herkunft der Namen der Knödel und Klöße und der Frage, wer sie erfunden haben mag. Der Erfinder wird wohl unbekannt bleiben. Doch wer sich einmal in die Geschichte der Knödel vertieft, wird viele Geschichten und Anekdoten finden.

Knödel sind nicht nur im Süden ein beliebtes Essen, auch unsere skandinavischen Nachbarn schwärmen für Fleisch- und Fischklößchen. Bei Astrid Lindgren und Co. tauchen Fleischklopse immer wieder als schwedisches Kinder-Lieblingsessen auf.

KLÖSSE, KNÖPFLE, KNUDDEL, KNIALA

Je nach Region, Dialekt und Tradition haben die Klöße einen anderen Namen. Die Ober- und Niederbayern nennen ihre Leibspeise Knödel, die Franken Knödla, in der Oberpfalz heißen die Klöße Kniadla, in Schwaben Knöpfle. Kleinere Knöpfle nannte man früher Knetel, Knöpflein, Knöpflin und Knötlein. Noch heute sind viele alte Namen im Umlauf – wie Kließa, Gliesel, Klums, Klüte, Knöpf, Knuddel, Kniddel, Klopse, Keulchen, Kleesse, Klössel, Bällchen, Flutte. In England nennt man die Klöße dumplings, in Frankreich quenelles, in Tschechien knedlicky, in Italien ghenedeli oder gnocchi, woraus unsere Nockerln wurden.

Die Deggendörfer Knödel

Mancher Knödel schrieb Geschichte: Der Kochkunst einer wackeren Bürgerin war, so sagt man, die Rettung der Stadt Deggendorf zu verdanken. Als 1266 der böhmische König Ottokar die Stadt Deggendorf belagerte, zog die Bürgerwehr zur Verteidigung in den Zwinger. Die feindlichen Truppen bereiteten die Erstürmung der Stadt vor. Damit die Bürgerwehr jederzeit abwehrbereit blieb, brachten die Bürgersfrauen das Essen zum Zwinger.

Die Wohnung des Bürgermeisters lag unmittelbar gegenüber der Stadtmauer. Als die Frau des Bürgermeisters eben an ihrem Küchentisch ihren Knödelteig zubereitete, erkannte sie einen feindlichen Eindringling auf der Mauerbrüstung. Sie erschrak nicht wenig, und ohne zu zögern, warf sie ihm einen großen Knödel mitten ins Gesicht, so dass der ungebetene Gast rücklings von der Leiter in den Stadtgraben stürzte. Pudelnass kehrte der böhmische Späher ins Lager zurück und meldete dem Hauptmann: »Die Deggendorfer haben noch so viel zu essen, dass sie mit Knödeln schießen können.« Daraufhin zogen die feindlichen Truppen ab, und die Stadt war gerettet.

Rohe Klösse

Vogtländer und Thüringer streiten schon lange, wer die Rohe Klöße zuerst erfunden hat. Die Südthüringer Klöße sollen in Meiningen erfunden worden sein. Von der Thüringerin Margarete Braungart stammt denn auch das folgende alte Rezept für die beliebten Rohen Klöße.

Ein altes Rezept

Pro Person zwei bis drei große Kartoffeln schälen und waschen. Die Gesamtzahl der Kartoffeln durch drei teilen. Zwei Drittel der Kartoffeln reiben, über das Geriebene einige Male warmes Wasser gießen, das mit einem Schuss Essig versetzt wurde, damit das Geriebene sich nicht verfärbt. Das Wasser abgießen.

Danach die Masse in ein festes Leinensäckchen füllen, dieses zubinden und die Masse unter einer Kartoffelpresse fest auspressen. Die am Boden des Gefäßes mit der ausgepressten Flüssigkeit abgesetzte Stärke setzen und antrocknen lassen und später beliebig dem Geriebenen zufügen, die Klöße werden dann fester.

Das restliche Drittel der Kartoffeln in Stücke schneiden, in einen Topf geben, zweifingerhoch mit kaltem Wasser bedeckt aufsetzen und kochen, bis die Kartoffeln zerfallen. Die Kartoffeln in ihrem Kochwasser zu einem Brei verrühren.

Die rohe Kartoffelmasse aus der Presse nehmen, in eine große Schüssel geben, mit Salz vermischen (auf 20 Kartoffeln eine Hand voll), eventuell die Stärke zugeben, nach und nach den kochenden Brei zuschütten und diesen mit einem großen Quirl schnell unterrühren. So lange kräftig rühren oder schlagen (Männerarbeit!), bis der Kloßteig sich vom Schüsselrand löst, ein wenig glasig aussieht und nicht mehr nach rohen Kartoffeln riecht. Zweckmäßig ist es, wenn eine zweite Person dabei die Schüssel festhält.

Mit nassen, kalten Händen (die Hände immer in kaltes Wasser tauchen) faustgroße Klöße formen; nach Belieben dabei in Butter geröstete Semmelwürfelchen hineingeben.

Die Klöße in leise siedendem Wasser gar ziehen lassen. Sie sind gar, wenn sie an die Oberfläche steigen. Wem es mit dem Aufsteigen zu lange dauert, der rüttle ein wenig am Topf. Allerdings heißt es: »Klöße und junge Mädchen müssen alleine aufstehen.« Kartoffelknödel brauchen etwa 20 Minuten, um gar zu werden.

Reste von Rohen Klößen kann man wunderbar am nächsten Tag in Scheiben schneiden und aufbraten. Kinder lieben sie frisch aus der Pfanne mit einem Rest Bratensauce, etwas aufwändiger wird die Resteverwertung, wenn Sie die Knödel mit Speckwürfeln braten und vielleicht noch ein Ei darüberschlagen.

»Die Knödelköchin«

»Vor den brodelnden Töpfen saß eine üppig beleibte Frau in mittleren Jahren, Inhaberin, Köchin, töpfescheuernde Hebe, Garçon, Aufschneiderin und Geldeinnehmerin, alles in einem. Mit einiger Grazie verabreichte sie ihren Kunden die verlangten Speisen, die in simplen, deutschnamigen und schon allein deswegen höchst gemeinen Eßwaren bestanden, als da sind: Mehl- und Griesknödel von bedeutender Größe, Mehl und Griesschmarrn«.

(Nach »Wien und die Wiener«, herausgegeben von Adalbert Stifter)

Alte Rezepte

Sehr ausführlich beschäftigt sich das »Universal-Lexikon der Kochkunst. Wörterbuch Aller in der bürgerlichen und feinen Küche und Backkunst vorkommenden Speisen und Getränke Deren Naturgeschichte, Zubereitung, Gesundheitswerth und Verfälschung«, das 1878 in Leipzig erschien, mit dem Knödelmachen. Unter den Stichworten »Klößchen« und »Klöße« findet man folgende Beschreibung der Zubereitung:
Klößchen in Suppen, Ragouts und Fricassées. *Bei der Bereitung aller Klößchen und größeren Klöße, diesem durch und durch deutschen National- und Lieblingsgericht, hat man sehr genau auf die richtige Zusammensetzung und das gehörige Mengenverhältnis der Bestandtheile, auf die Feinheit und Trockenheit des Mehls, die Frische der Eier und die genügende Bearbeitung des Teiges zu sehen, wenn die Klöße gerathen sollen. Es ist namentlich Anfängerinnen zu rathen, jedesmal erst einen Probekloß in das kochende Salzwasser oder die Fleischbrühe einzulegen, um zu sehen, wie derselbe geräth, und danach zu beurtheilen, ob die Teigmischung richtig ist, fällt der Kloß beim Kochen ausein-*

Karl Valentins Semmelknödel

Die Frage, ob Semmelknödel nicht Semmelnknödeln heißen müssten, diskutierten die Münchner Karl Valentin und Liesl Karlstadt, wobei dieses Problem in Bayern bis heute nicht so ganz geklärt ist.
Liesl Karlstadt: »Man sagt schon von jeher Semmelknödel.«
Karl Valentin: »Ja, zu einem – aber zu mehreren Semmelknödeln sagt man Semmelnknödeln.«
Liesl Karlstadt: »Aber wie tät man denn zu einem Dutzend Semmelknödel sagen?«
Karl Valentin: »Auch Semmelnknödeln – Semmel ist die Einzahl, das musst Ihnen merken, und Semmeln ist die Mehrzahl, das sind also mehrere einzelne zusammen. Die Semmelnknödeln werden aus Semmeln gemacht, also aus mehreren Semmeln, du kannst nie aus einer Semmel Semmelnknödeln machen.«
Liesl Karlstadt: »Machen kann man's schon.«
Karl Valentin: »Jaja, machen schon, aber wenn du aus einer Semmel zehn Semmelnknödeln machen tätst, dann würden die Semmelnknödeln so klein wie Mottenkugeln. Dann würde das Wort Semmelknödel schon stimmen. Weil's bloß aus einer Semmel sind. Aber solang' die Semmelnknödeln aus mehreren Semmeln gemacht werden, sagt man unerbittlich: Semmelnknödeln.«

Knödel sind ein altes Gericht und doch immer wieder beliebt. Die alten Rezepte schmecken wie einst bei Großmutter zu Hause, und fast alle haben den Vorteil, dass man sie nicht allzu stark abwandeln muss, um heutigen, fettärmeren Essgewohnheiten entgegenzukommen: Knödel waren und sind ebenso fettarm wie köstlich.

Noch ein Original-Rezept aus der guten alten Zeit:

»Kartoffelknödel mit Brod (von 1848)
Man weicht für einen Kreuzer weißes Brod in die Milch ein, thut Salz und etwas Schnittlauch dazu, dann rührt man 3 ganze Eier und eine zerhackte, in Schmalz zerdünstete Zwiebel dazu, sodann rührt man 1 Pfd. gesottene, geriebene Kartoffeln und so viel Mehl darunter, daß, wenn man die Knödel in das Wasser thut, sie nicht mehr zerfahren.«

ander, so muß man dem übrigen Teig etwas mehr Mehl oder geriebene Semmel und Eidotter zusetzen, wird der Probekloß zu fest, so fügt man dem übrigen Teig etwas Milch oder Wasser oder auch ein ganzes Ei zu, um die übrigen lockerer zu machen. Eine Hauptbedingung des Gelingens ist es, alle Arten Klöße nur in stark wallende Flüssigkeit einzulegen, sei dies nun Wasser, Fleischbrühe oder Milch: gewöhnlich deckt man den Topf, worin die Klöße kochen, nicht zu; kommen die Klöße auf die Oberfläche, so schüttelt man den Topf oder das Casserol etwas hin und her und läßt die Klöße nur noch wenige Augenblicke kochen, um sie dann heraus zu nehmen und sofort in die Suppe oder als selbständige Schüssel zu Tisch zu geben, da jeder Kloß durch das Stehen, nachdem er fertig ist, fest wird und seinen Wohlgeschmack verliert.
Die verschiedenen und sehr mannigfaltigen Arten von Klößchen in Suppen oder Ragouts s. bei deren Hauptbestandtheilen, wie z.B. Apfelklößchen, Austernklößchen, Butterklößchen, Chocoladenklößchen, Eier-, Farce-, Fisch-, Fleisch-, Graupen-, Grießklößchen u.s.w.
***Klöße.** Von diesen gilt ganz dasselbe, was wir bereits bei den Klößchen erwähnt haben, nur daß die Klöße größer gemacht, entweder mit den Händen rund geformt oder mit einem in siedendes Wasser eingetauchten Löffel abgestochen und meistens in Salzwasser gargekocht werden (außer den Fleischklößen und den gebackenen Klößen), worauf man sie entweder zu Braten, Schinken, Bratwurst, auch zu gekochtem Fleisch mit irgend einer Sauce giebt, oder auch mit gekochtem Obst sowie irgend einer Sauce, zuweilen auch nur mit brauner Butter übergossen, als selbständiges Gericht aufträgt. S. bei den verschiedenen Hauptbestandtheilen, z.B. Apfelklöße, Birkhuhn-, Birnen-, Brod-, Buchweizenmehl-, Fleisch-, Gries-, Grütz-, Kartoffelklöße u.s.w.; ebenso s. unter Brand-, Brüh-, Fränkische Klöße, Frankfurter, Kapuziner-, Karlsbader, Karthäuser-, Koburger, Saure, Schäl-, Schwäbische, Schweden-, Servietten-, Thüringische, Topf-, Türkische, Wickel-Klöße.*

Original-Rezept

GEKRÖNTE HÄUPTER (VON 1850)
Es werden einfach gute Semmelknödel gemacht, in Wasser gekocht, mit einem Schaumlöffel herausgenommen, in der Mitte auseinandergeschnitten, schön auf einer Platte angerichtet und mit in Butter gelb gerösteten Semmelbröseln aufgeschmolzen. Man gibt sie zu Sauerkraut an Fasttagen und auch zu in Butter gekochten Schwämmen und Edelpilzen.

TIPPS FÜR DIE ZUBEREITUNG

- Für Kartoffelklöße benötigen Sie mehlig kochende Kartoffeln, die reichlich Stärke enthalten. Mit fest kochenden Salatkartoffeln oder »neuen« Kartoffeln wird der Teig so feucht, dass die Klöße nicht gelingen.
- Den Teig nicht zu stark durcharbeiten, damit nicht zu viel Stärke hineingelangt und die Klöße zäh werden. Gute Klöße erfordern ein wenig Übung.
- Der Kloßteig ist dann richtig angemacht, wenn er sich leicht von der Schüssel löst. Er soll weder klebrig noch zu weich sein.
- Den Teig nicht stehen lassen, sondern gleich verarbeiten.
- Besonders schönen, glatten Glanz erhalten manche Klöße, wenn Sie Ihre Hände in Mehl oder Speisestärke tauchen, bevor Sie die Knödel formen.
- Formen Sie die Klöße mit angefeuchteten Händen. Sind die Klöße schön kühl, lassen sie sich umso leichter rollen.
- Sehr gut können Sie Kloßteige auch mit einem Löffel und Ihrer angefeuchteten Hand oder mit zwei Löffeln portionieren.
- Klöße gelingen am besten in weiten Gefäßen mit Platz zum Aufquellen.
- Am besten lassen Sie das Kochwasser noch einmal kurz aufkochen, nachdem Sie die Klöße hineingesetzt haben. Danach dürfen sie nicht mehr kochen, sondern nur noch leise und offen sieden – sonst zerfallen sie. Dabei gelegentlich wenden.
- Die Klöße sollten etwa gleich groß sein und dürfen beim Kochen nicht übereinander liegen. Sie sind gar, wenn sie an der Oberfläche schwimmen.
- Wenn Sie nicht sicher sind, ob der Teig die richtige Konsistenz hat, am besten einen Probekloß garen. Und danach, wenn nötig, den Teig mit Mehl, Grieß oder Semmelbröseln fester oder mit Milch, Butter oder Sahne geschmeidiger machen.
- Die Klöße sind gar, wenn sie innen trocken und locker sind. Das heißt, sie dürfen keinen mehligen oder teigigen Kern mehr haben.
- Die Kochzeit richtet sich nach der Größe der Klöße. Semmelknödel werden durch zu langes Kochen eher zäh, Kartoffel-, Brand- und Topfenteige hingegen zerfallen leicht.
- Übrig gebliebene Knödel lassen sich gut für die Vorratshaltung im Tiefkühlfach aufbewahren. Am besten einzeln auf einem Brett einfrieren und dann in einen Gefrierbeutel geben. Bei Bedarf in siedendem Wasser auftauen und erwärmen.

Klöße und Knödel sind besonders saucenfreundliche Beilagen. Servieren Sie sie zu Gerichten mit reichlich Sauce. Knödel und Klöße kann man – zur Freude der Genießer – so richtig in Sauce baden lassen.

Als Suppen-einlage

Markklösschen

ZUTATEN FÜR 4–6 PORTIONEN
- 100 g Rindermark, gut gewässert
- 130 g Weißbrot (4 Scheiben)
- 50 ml Milch
- 100 g Semmelbrösel
- 1 EL fein gehackte Petersilie
- 1 TL Schnittlauchröllchen
- Salz und Pfeffer
- Muskat
- 1 EL Butter
- 1 Ei , 1 Eigelb

1 Das Rindermark in kleine Stücke schneiden und bei geringer Hitze in einer Pfanne zerlassen. Anschließend durch ein Sieb streichen und erkalten lassen.

2 Das Brot entrinden und mit Milch begießen. Kurz einweichen lassen, durch ein Sieb streichen und mit Semmelbröseln, Petersilie und Schnittlauch mischen. Mit Salz, Pfeffer und Muskat würzen.

3 Das erkaltete Mark mit der Butter schaumig rühren. Ei und Eigelb beim Rühren dazugeben und alles mit der Brotmasse verkneten. Anschließend 20 Minuten bei Zimmertemperatur quellen lassen.

4 Mit feuchten Händen walnussgroße Klößchen formen und in einer siedenden Brühe oder in Salzwasser etwa 10 Minuten ziehen lassen.

Leberknödel ▸

ZUTATEN FÜR 4 PORTIONEN
- 200 g Kalbsleber
- 1 große Zwiebel
- 2 EL Butter
- 70 g Weißbrot (2 Scheiben)
- 60 ml Milch
- 40 g Kalbsnierenfett
- 2 Eier
- 80 g Semmelbrösel
- 2 EL fein gehackte Petersilie
- 1 Knoblauchzehe
- Salz und Pfeffer
- 1 Prise Majoran
- Zitronenschale
- Etwas Schnittlauch

1 Die Leber von den Strängen und Häuten befreien, waschen, trockentupfen und in breite Streifen schneiden. Die Zwiebel abziehen und fein hacken. Die Butter in einer Pfanne erhitzen, die Zwiebelwürfel darin glasig braten. Auskühlen lassen.

2 Das Weißbrot würfeln, in eine Schüssel geben und mit der Milch übergießen. Leber, Zwiebel und Kalbsnierenfett durch die feine Scheibe des Fleischwolfes drehen. Die Weißbrotwürfel ausdrücken und unter die Lebermasse mengen. Eier, Semmelbrösel und Petersilie dazugeben und alles gut miteinander verkneten. Die Knoblauchzehe abziehen und durch die Presse dazudrücken. Die Knödelmasse mit Salz, Pfeffer, Majoran und abgeriebener Zitronenschale würzen. Etwa 30 Minuten ruhen lassen.

3 In einem Topf reichlich Salzwasser zum Kochen bringen. Mit nassen Händen Knödel formen und bei milder Hitze offen in etwa 15 Minuten gar ziehen lassen. In heißer Fleischbrühe servieren. Mit Schnittlauch bestreuen.

FLEISCHKLÖSSCHEN

ZUTATEN FÜR 4 PORTIONEN

- *125 g Kalbfleisch*
- *125 g mageres Schweinefleisch*
- *90 g Weißbrot (3 Scheiben)*
- *3 EL Milch*
- *75 g Butter*
- *1 Eiweiß*
- *2 Eigelb*
- *½ TL abgeriebene Zitronenschale*
- *1 EL fein gehackte Petersilie*
- *Salz und Pfeffer aus der Mühle*
- *Muskat*

1 Das Fleisch fein hacken oder durch den Fleischwolf drehen, die Sehnen dabei entfernen. Das Weißbrot entrinden, fein würfeln und mit etwas lauwarmer Milch übergießen. Einweichen lassen. Butter schaumig rühren. Eiweiß steif schlagen und beiseite stellen.

2 Butter mit den beiden Eigelben, Weißbrotwürfeln, Zitronenschale, Petersilie und dem Fleisch gut vermengen, mit Salz, Pfeffer und Muskat würzen, anschließend vorsichtig den Eischnee unterheben.

3 Kleine Knödel formen und 10 Minuten in einer Fleischbrühe ziehen lassen.

LEBERKLÖSSCHEN

ZUTATEN FÜR 4 PORTIONEN

- *100 g Schweinefleisch*
- *100 g Schweineleber*
- *Salz und Pfeffer aus der Mühle*
- *1 Zwiebel*
- *1 EL Butter*
- *40 g Semmelbrösel*
- *2 Eier*
- *Muskat*
- *1 EL fein gehackte Petersilie*

1 Fleisch und Leber mit Salz und Pfeffer würzen. Die Zwiebel abziehen und würfeln. In einer Pfanne die Butter erhitzen und die Zwiebelwürfel darin anschwitzen. Kurz abkühlen lassen und mit dem Fleisch gründlich vermischen.

2 Die Masse durch den Fleischwolf drehen. Semmelbrösel und verquirlte Eier untermengen. Salzen und pfeffern, mit Muskat und Petersilie würzen.

3 Mit zwei nassen Teelöffeln kleine Portionen von der Masse abstechen und zu runden Klößchen formen; diese auf einen Teller legen.

4 Reichlich Salzwasser zum Kochen bringen, die Klößchen in das kochende Wasser einlegen und bei milder Hitze offen 5 Minuten ziehen lassen. Mit Fleischbrühe servieren. Eventuell mit etwas fein gehackter Petersilie bestreuen.

HENNENKNÖDEL

ZUTATEN FÜR 4-6 PORTIONEN

- *8 Brötchen vom Vortag*
- *¼ l heiße Milch*
- *½ Schalotte*
- *1 EL Butter*
- *2 EL fein gehackte Petersilie*
- *2 Eier*
- *½ EL Mehl*
- *300 g durchgedrehtes rohes Hühnerfleisch*
- *1 TL abgeriebene Zitronenschale*
- *Salz und Pfeffer aus der Mühle*
- *Muskat*

1 Die Brötchen in Scheiben schneiden, in eine Schüssel geben und mit heißer Milch übergießen.

2 Die Schalotte abziehen und fein würfeln. Die Butter erhitzen, die Schalottenwürfel darin anschwitzen, dann die Petersilie kurz dazugeben. Beiseite stellen.

3 Die Brötchen mit den Eiern und dem Mehl vermischen. Hühnerfleisch, abgekühlte Schalotte, Petersilie und Zitronenschale dazugeben und alles gut vermengen. Mit Salz, Pfeffer und Muskat würzen.

4 Kleine Knödel formen und in einer Fleischbrühe 20 Minuten garen.

TIPP Sie können das Hühnerfleisch auch selbst durchdrehen: Einfach das Fleisch zweimal durch die feine Scheibe des Fleischwolfs drehen.

GRIESSNOCKERLN

ZUTATEN FÜR 4 PORTIONEN

- *50 g weiche Butter*
- *1 Ei*
- *70 g Grieß*
- *Salz*
- *Muskat*
- *1 EL fein gehackte Petersilie*

1 Butter und Ei schaumig rühren. Grieß, Salz, Muskat und Petersilie unterrühren. Anschließend die Masse mindestens 20 Minuten bei Zimmertemperatur quellen lassen.

2 Mit einem Esslöffel längliche Klöße abstechen und mit der linken nassen Handfläche glatt drehen. Die Nockerln in kochende Brühe geben und bei milder Hitze etwa 15 Minuten ziehen lassen, dabei ab und zu wenden.

KÄSEKLÖSSCHEN

ZUTATEN FÜR 4 PORTIONEN

- *150 ml Milch*
- *50 g Grieß*
- *Salz und Pfeffer aus der Mühle*
- *Muskat*
- *70 g Bergkäse*
- *1 Eigelb*

1 Die Milch aufkochen. Den Topf vom Herd nehmen, den Grieß unterrühren, mit Salz, Pfeffer und Muskat würzen. Den Käse dazugeben und alles nochmals kurz erwärmen, dabei ständig rühren, bis der Käse geschmolzen ist. Den Topf vom Herd nehmen und das Eigelb unterrühren. Die Masse etwa 10 Minuten ruhen lassen.

2 Mit einem Teelöffel kleine Klößchen abstechen. In kochende Fleischbrühe geben und bei milder Hitze in 10 Minuten gar ziehen lassen.

GRÜNE KNÖPFLE ▸

ZUTATEN FÜR 4 PORTIONEN

- *1 Hand voll junger Blattspinat*
- *1 Bund Petersilie*
- *1 Bund Schnittlauch oder andere Kräuter*
- *2 EL Butter*
- *½ TL abgeriebene Zitronenschale*
- *100 g Semmelbrösel*
- *2 Eier*
- *Salz und Pfeffer aus der Mühle*
- *Eventuell 1–2 EL Mehl*

1 Den Spinat waschen, verlesen und von den Stielen befreien. Sorgfältig trockentupfen. Die Kräuter abbrausen und trockenschwenken. Alles fein hacken und in der erhitzten Butter kurz anschwitzen. Mit Zitronenschale würzen. Aus der Pfanne nehmen und abkühlen lassen.

2 Die Spinat-Kräuter-Mischung mit den Semmelbröseln vermengen. Die Eier dazugeben und alles zu einem festen Teig verarbeiten. Mit Salz und Pfeffer würzen. Eventuell noch etwas Mehl einarbeiten, falls der Teig zu feucht ist.

3 Rinderbrühe aufkochen. Den Kräuterteig portionsweise durch den Spätzlehobel in die kochende Brühe drücken und gar ziehen lassen, bis die Knöpfle an die Oberfläche steigen.

TIPP Alternativ zu der Mischung aus Spinat und Schnittlauch können Sie auch eine Mischung aus Petersilie, Kerbel, Estragon, etwas Lauch und fein gehackten Schalotten verwenden. Wie oben angegeben, alle Zutaten gründlich zu einem Teig verarbeiten, daraus Knödel formen und in der Suppe gar ziehen lassen.

BUTTERNOCKERLN

ZUTATEN FÜR 4 PORTIONEN

- 60 g weiche Butter
- 1 Ei
- 1 Eigelb
- 60 g Mehl
- Salz
- Muskat

1 Die weiche Butter schaumig rühren. Nacheinander Ei, Eigelb und Mehl unterrühren, bis eine weiche Masse entsteht. Mit Salz und Muskat nach Geschmack würzen. Die Masse bei Zimmertemperatur 10 Minuten quellen lassen.

2 Mit einem Teelöffel kleine Nockerln abstechen und in kochende Brühe geben. Zugedeckt bei milder Hitze etwa 15 Minuten ziehen lassen. Die Butternockerln verfeinern jede Brühe und machen aus mancher Suppe einen Festschmaus.

THÜRINGER EIERNOCKEN

ZUTATEN FÜR 4 PORTIONEN

- 100 g weiche Butter
- 1 Ei
- 4 Eigelb
- 80 g Mehl
- Salz und Pfeffer aus der Mühle
- Muskat

1 Die Butter schaumig rühren. Ei, Eigelb und gesiebtes Mehl unterrühren und einen lockeren Teig zubereiten. Mit Salz, Pfeffer und Muskat würzen.

2 Mit einem Teelöffel kleine Nocken von der Teigmasse abstechen und in leicht kochendem Salzwasser 5 Minuten ziehen lassen, bis die Nocken an der Oberfläche schwimmen. Mit der Schaumkelle herausheben, kurz abtropfen lassen und mit Suppe servieren.

TIPP Diese Nocken lassen sich zu vielen Gelegenheiten verwenden. Sie schmecken natürlich gut als Einlage in einer Fleischbrühe, aber auch in reichhaltigen Suppen. Wenn Sie die Nocken in einer ganz einfachen Tomatensauce ziehen lassen, haben Sie eine kräftige Sauce zu Nudeln.

KALBSBRÄTNOCKEN

ZUTATEN FÜR 4 PORTIONEN

- *200 g rohes Kalbsbrät*
- *1 Ei*
- *1 EL gehackte Mandeln*
- *1 TL abgeriebene Zitronenschale*
- *Salz und Pfeffer aus der Mühle*

1 Das feine Kalbsbrät mit dem Ei sorgfältig vermischen. Mit den Mandeln und der Zitronenschale verfeinern. Mit Salz und Pfeffer würzen.

2 Mit zwei nassen Teelöffeln kleine Nocken von der Teigmasse abstechen und in siedender Fleischbrühe 20 Minuten ziehen lassen.

TIPP Luftiger werden die Nocken, wenn Sie unter das Kalbsbrät ein paar Löffel Sahne mischen. Sie schmecken auch gut in einer einfachen Tomatensauce.

RICOTTANOCKEN

ZUTATEN FÜR 4 PORTIONEN

- *75 ml Milch*
- *30 g Butter*
- *Salz und Pfeffer aus der Mühle*
- *Muskat*
- *70 g Mehl*
- *2 Eier*
- *200 g Ricotta*
- *Einige fein gehackte Estragonblätter*

1 Milch und Butter kurz aufkochen, mit Salz, Pfeffer und Muskat abschmecken. Das Mehl einrieseln lassen und unter ständigem Rühren zu einem dicken Brei kochen.

2 Die Masse in eine Schüssel füllen, die Eier dazugeben und mit dem Quirl zu einem glatten Teig verarbeiten. Ricotta und Estragonblätter unterrühren. Den Teig etwa 40 Minuten mit einem Küchentuch abgedeckt kühl stellen.

3 Mit einem Teelöffel kleine Klößchen von der Masse abstechen und zu Nocken formen. In sprudelnde Fleischbrühe geben und bei milder Hitze in 5 Minuten gar ziehen lassen.

TIPP Die Ricottanocken passen auch gut zu Tomatensuppe!

PAPRIKANOCKEN

ZUTATEN FÜR 4 PORTIONEN

- *40 g Butter*
- *Salz*
- *2 Eier*
- *60 g Mehl*
- *2 EL Milch*
- *1 TL Rosenpaprika*
- *1 Prise Cayennepfeffer*
- *Etwas abgeriebene Zitronenschale*

1 Die Butter schaumig rühren. Nach und nach Salz, Eier, Mehl und Milch zugeben und alles zu einem glatten Teig verarbeiten. Mit Paprika, Cayennepfeffer und Zitronenschale würzen.

2 Die Masse zugedeckt 20 Minuten ruhen lassen.

3 Mit einem Teelöffel kleine Portionen abstechen und zu Nocken formen. In sprudelndes Salzwasser geben, kurz kochen lassen und bei milder Hitze garen, bis die Nocken an die Oberfläche steigen. Mit der Schaumkelle herausheben, abtropfen lassen und mit einer Gemüsebrühe servieren.

NIEDERBAYERISCHE SCHWEMMKLÖSSCHEN ▸

ZUTATEN FÜR 4 PORTIONEN

- *¼ l Milch*
- *30 g Butter*
- *125 g Mehl*
- *3 Eier*
- *Salz*
- *Muskat*

1 Die Milch mit der Butter aufkochen. Das Mehl unter ständigem Rühren dazugeben, bis sich der Teig vom Topfboden löst. Die Eier nach und nach unterrühren, mit Salz und Muskat würzen.

2 Aus der Masse mit einem nassen Teelöffel Klößchen abstechen. Die Klößchen in eine kochende Fleischbrühe geben und bei milder Hitze offen etwa 15 Minuten ziehen lassen.

TIPP Diese einfachen Klößchen schmecken zu allen Suppen gut. Wenn Sie sie mit anderen Einlagen mischen – beispielsweise mit Fadennudeln, Leberklößchen oder Leberspätzle und mit Brätklößchen, Markklößchen oder Grießklößchen, erhalten Sie eine besonders aufwändige Suppe, die sich durchaus mit der berühmten Badischen Hochzeitssuppe messen kann und auch bei anspruchsvollen Gästen gut ankommt.

Schwäbische Bratknödel

Zutaten für 4 Portionen

- *150 g Weißbrot (5 Scheiben)*
- *3 Eier*
- *40 g Butter*
- *Salz und Pfeffer aus der Mühle*
- *1 EL abgeriebene Zitronenschale*
- *1 EL fein gehackte Petersilie*
- *1 EL Schnittlauchröllchen*
- *250 g durchgedrehtes Kalbfleisch*

1 Das Weißbrot reiben. Die Eier verquirlen und mit dem Weißbrot vermengen. 10 Minuten quellen lassen. Butter, Salz, Pfeffer, Zitronenschale, Kräuter und Kalbfleisch zur Eimasse geben und zu einem Teig verarbeiten.

2 Mit einem Teelöffel haselnussgroße Klößchen von der Masse abstechen. Die Klößchen in eine kochende Fleischbrühe geben und darin einmal aufkochen lassen. Bei sanfter Hitze 6 Minuten zugedeckt garen lassen, bis sie an die Oberfläche steigen.

Schweizer Chnödel

Zutaten für 4 Portionen

- *100 g Egerlinge*
- *1 EL Butter*
- *2 EL fein gehackte Petersilie*
- *200 g Kalbsbrät*
- *1 Ei*
- *Muskat*

1 Die Pilze säubern, die Stielenden und alle wurmigen Stellen abschneiden, fein hacken. Die Butter in einer Pfanne erhitzen, Petersilie und klein gehackte Pilze dazugeben und dünsten, bis die Flüssigkeit verdampft ist. Beiseite stellen und abkühlen lassen. Mit Kalbsbrät und Ei gut vermischen und mit Muskat würzen.

2 Aus der Masse haselnussgroße Klößchen formen. In einem Topf reichlich Salzwasser aufkochen, die Klößchen hineinlegen und bei milder Hitze 5 Minuten garen. Mit der Schaumkelle aus dem Wasser nehmen und mit Fleischbrühe servieren.

HAMBURGER SCHWEMMKLÖSSE

ZUTATEN FÜR 4 PORTIONEN

- 1/8 l Milch
- 40 g Butter
- Salz
- Muskat
- 60 g Mehl
- 1 Ei

1 In einem Topf Milch, Butter, Salz und Muskat aufkochen. Das Mehl einrühren und so lange sehr kräftig rühren, bis sich der Teig vom Topfboden löst. Dann den Topf schnell vom Herd nehmen und das Ei einrühren.

2 Mit zwei Esslöffeln längliche Klöße abstechen und glatt drehen. Die Esslöffel immer wieder nass machen. Die Klöße in eine kochende Fleischbrühe geben und bei milder Hitze offen etwa 15 Minuten ziehen lassen, dabei ab und zu wenden.

HAMBURGER MEHLKLÖSSE

ZUTATEN FÜR 4 PORTIONEN

- 130 g Mehl
- 1/4 l Wasser
- 130 g Butter
- 1 Ei
- Salz

1 Das Mehl in eine Schüssel sieben und in die Mitte eine Mulde machen. Wasser und Butter aufkochen, in die Mulde gießen und so lange rühren, bis ein Teig entsteht. Das Ei und eine Prise Salz hineinrühren.

2 Aus der Masse mit zwei nassen Esslöffeln Klöße abstechen. Reichlich Salzwasser zum Kochen bringen, die Klöße darin bei mittlerer Hitze garen, bis sie an die Oberfläche steigen. Mit der Schaumkelle herausheben und mit Fischsuppe servieren.

TIPP Die Mehlklöße sind die traditionelle Einlage zur Fischsuppe, aber sie schmecken auch in anderen Suppen sehr gut und geben auch leichten Eintöpfen den gewissen »Biss«.

Als Beilage oder Hauptgericht

Kartoffelklösse

Zutaten für 4 Portionen

- *40 g Butter*
- *4 EL Weißbrotwürfel*
- *1 kg mehlig kochende Kartoffeln*
- *50 g Mehl*
- *Salz*
- *2 Eier*
- *2 EL fein gehackte Petersilie*

1 Die Butter in einer Pfanne erhitzen, die Brotwürfel darin goldbraun rösten und beiseite stellen.

2 Die Kartoffeln in der Schale weich kochen, abziehen und noch heiß durch die Kartoffelpresse drücken. Die Masse abkühlen lassen. Dafür genügend Zeit einplanen, Kartoffeln halten die Hitze lange.

3 Mehl und 1 Teelöffel Salz untermischen. Die Eier verquirlen und zur Kartoffelmasse geben. Zuletzt die Petersilie dazugeben. Alles gründlich durchkneten, bis der Teig locker und trocken ist.

4 Aus dem Teig knapp tennisballgroße Stücke abteilen und auf der Handfläche ein wenig flach drücken. Jeweils einige Brotwürfel in die Mitte geben und glatte runde Knödel formen. Etwa 3 Liter Wasser mit Salz zum Kochen bringen und die Knödel darin bei milder Hitze in 20 Minuten gar ziehen lassen.

Kartoffelknödel böhmische Art

Zutaten für 4 Portionen

- *600 g mehlig kochende Kartoffeln*
- *130 g Mehl*
- *1 Ei*
- *Salz und Pfeffer aus der Mühle*

1 Die Kartoffeln in der Schale weich kochen, abziehen und noch heiß durch die Kartoffelpresse drücken. Mehl, Ei, Salz und Pfeffer untermischen. Alles zu einem glatten Teig verarbeiten.

2 Aus dem Teig mit nassen Händen sechs längliche Knödel formen. In einem großen Topf reichlich Salzwasser zum Kochen bringen.

3 Die Knödel in das kochende Wasser geben und bei milder Hitze in etwa 15 Minuten gar ziehen lassen. Nach 7 Minuten wenden.

4 Mit der Schaumkelle herausheben und gut abtropfen lassen. Vor dem Servieren in Scheiben schneiden. Die Kartoffelknödel sind eine beliebte Beilage zum Braten und schmecken zu einer kräftigen Sauce.

Vogtländer Kartoffelklösse

Zutaten für 4 Portionen
- *800 g mehlig kochende Kartoffeln*
- *2 Brötchen vom Vortag*
- *2 EL Butter*
- *1 Ei*
- *100 g saure Sahne*
- *2 EL Mehl*
- *Salz*
- *Muskat*

1 Die Kartoffeln am Vortag in der Schale weich kochen, abziehen und zugedeckt an einem kühlen Ort aufbewahren.

2 Die Brötchen fein würfeln und in heißer Butter goldbraun rösten. Die Kartoffeln durch die Kartoffelpresse drücken. Mit Ei, saurer Sahne, Mehl und den Brotwürfeln gründlich vermengen, mit Salz und Muskat würzen.

3 Mit feuchten Händen Klöße formen. In einem großen Topf reichlich Salzwasser zum Kochen bringen. Die Klöße in das kochende Wasser einlegen und bei milder Hitze 10 bis 15 Minuten ziehen lassen.

Bayerische Reibeknödel

Zutaten für 6 Portionen
- *1 kg mehlig kochende Kartoffeln*
- *Essig*
- *500 g gekochte Kartoffeln*
- *Salz und Pfeffer aus der Mühle*
- *Muskat*
- *2 Brötchen vom Vortag*
- *1 Ei*
- *¼ l Milch*

1 Die rohen Kartoffeln schälen und in eine Schüssel mit lauwarmem Essigwasser fein reiben, damit sie nicht braun werden. Die geriebenen Kartoffeln in ein Handtuch geben, das Wasser auspressen, auffangen und stehen lassen, bis sich die Kartoffelstärke abgesetzt hat. Die Flüssigkeit vorsichtig abgießen, das abgesetzte Stärkemehl auffangen und bis zur Weiterverwendung beiseite stellen.

2 Die gekochten Kartoffeln abziehen und durch eine Kartoffelpresse drücken. Rohe und gekochte Kartoffelmassen miteinander vermengen. Mit Salz, Pfeffer und Muskat würzen.

3 Die Brötchen reiben und mit dem Kartoffelteig vermengen. Ei, Milch und die Stärke dazugeben und durchkneten.

4 Mit nassen Händen tennisballgroße Knödel formen. In einem großen Topf reichlich Salzwasser zum Kochen bringen. Die Knödel in das kochende Wasser geben und einmal aufkochen lassen. Im offenen Topf bei milder Hitze etwa 15 bis 20 Minuten garen.

SCHUPFNUDELN ▸

ZUTATEN FÜR 4 PORTIONEN

- *500 g mehlig kochende Kartoffeln*
- *200 g Mehl*
- *2 EL weiche Butter*
- *1 Ei*
- *Salz*
- *Muskat*
- *Butter oder Butterschmalz zum Braten*

1 Die Kartoffeln in der Schale weich kochen, abziehen und noch heiß durch die Kartoffelpresse drücken. In eine Schüssel geben und abkühlen lassen.

2 Anschließend mit Mehl, Butter und dem Ei vermischen und zu einem gut formbaren Teig verarbeiten. Mit Salz und Muskat würzen. Aus dem Teig eine 4 Zentimeter dicke Rolle formen. Davon 1 Zentimeter dicke Scheiben abschneiden und zu länglichen Nudeln rollen. Die Enden dabei spit zulaufen lassen.

3 Reichlich Salzwasser erhitzen. Die Schupfnudeln portionsweise in siedendem Wasser 3 bis 4 Minuten garen lassen. Nicht zu viel auf einmal garen, sonst kühlt sich das Wasser zu stark ab. Mit der Schaumkelle herausheben und abtropfen lassen. In heißer Butter oder Butterschmalz goldbrau braten. Mit grünem Salat servieren.

BERGISCHE KNUDDELN

ZUTATEN FÜR 4 PORTIONEN

- *1 kg mehlig kochende Kartoffeln*
- *2 Brötchen vom Vortag*
- *50 g durchwachsene Speckwürfel*
- *2 EL fein gehackte Petersilie*
- *2 Eier*
- *2 EL Mehl*
- *Salz*
- *Muskat*

1 Die Kartoffeln in der Schale weich kochen. Abgießen und über Nacht stehen lassen. Am nächsten Tag Kartoffeln abziehen und reiben.

2 Die Brötchen in Scheiben schneiden und fein würfeln. Die Speckwürfel in einer Pfanne auslassen. Brötchenwürfel und Petersilie dazugeben und rösten. Die Mischung unter die geriebenen Kartoffeln mischen. Eier und Mehl hinzufügen und alles gut miteinander vermengen. Mit Salz und Muskat würzen.

3 Mit angefeuchteten Händen kleine Klöße formen. In einem Topf reichlich Salzwasser zum Kochen bringen. Die Klöße darin bei milder Hitze etwa 20 Minuten garen.

TIPP Die Knuddeln schmecken gut zu allen Fleischgerichten mit viel Sauce, beispielsweise zu einem kräftigen Gulasch.

ZUTATEN FÜR 4 PORTIONEN

- *40 g Butter*
- *4 EL Weißbrotwürfel*
- *500 g gekochte Kartoffeln*
- *1 kg mehlig kochende Kartoffeln*
- *350 ml Milch*
- *Salz*

ROHE FRANKENWALDER KLÖSSE

1 Die Butter in einer Pfanne erhitzen, die Brotwürfel darin goldbraun rösten und beiseite stellen. Die gekochten Kartoffeln abziehen und durch eine Kartoffelpresse drücken. Ebenfalls beiseite stellen.

2 Inzwischen die rohen Kartoffeln schälen und in eine Schüssel mit kaltem Wasser reiben. Die Milch aufkochen lassen. Die Masse in einem groben Leinentuch fest auspressen. Die Flüssigkeit vorsichtig abgießen, das abgesetzte Stärkemehl auffangen und in die Kartoffelmasse mischen. Die Masse sofort mit der kochenden Milch überbrühen.

3 Rohe und gekochte Kartoffelmassen miteinander vermengen. Mit Salz abschmecken und rasch mit nassen Händen zu Klößen formen. Dabei in die Mitte geröstete Brotwürfel geben. Reichlich Salzwasser zum Kochen bringen, die Klöße einlegen und 20 bis 30 Minuten sieden lassen.

ZUTATEN FÜR 4 PORTIONEN

- *1 kg mehlig kochende Kartoffeln*
- *2 EL Schmalz*
- *1 Ei*
- *Salz und Pfeffer aus der Mühle*
- *2 EL Mehl*

WALDVIERTLER KARTOFFELKNÖDEL

1 250 Gramm Kartoffeln am Vortag mit der Schale garen, abziehen und zugedeckt an einem kühlen Ort aufbewahren.

2 Am nächsten Tag die gekochten Kartoffeln durch die Kartoffelpresse drücken. Die restlichen rohen Kartoffeln schälen, waschen und in eine Schüssel mit kaltem Wasser reiben. Die geriebenen Kartoffeln in ein Tuch geben und ausdrücken. Dabei die ausgedrückte Flüssigkeit in einer Schlüssel auffangen und stehen lassen, bis sich die Stärke am Boden abgesetzt hat. Die abgesetzte Stärke mit den gekochten und den rohen Kartoffeln, dem Schmalz, Ei, Salz, Pfeffer und Mehl zu einem Teig verarbeiten.

3 In einem Topf reichlich Salzwasser zum Kochen bringen. Aus dem Teig Knödel formen, in das kochende Salzwasser einlegen und bei milder Hitze in etwa 20 Minuten gar ziehen lassen.

BADISCHE KLÖSSE

ZUTATEN FÜR 4 PORTIONEN

- *750 g mehlig kochende Kartoffeln*
- *2 Brötchen vom Vortag*
- *30 g Butter*
- *½ Schalotte*
- *2 EL fein gehackte Petersilie*
- *2 Eier*
- *Salz*
- *Muskat*
- *30 g Mehl*

1 Die Kartoffeln am Vortag in der Schale weich kochen, abziehen und zugedeckt an einem kühlen Ort aufbewahren.

2 Die Kartoffeln durch die Kartoffelpresse drücken. Anschließend die Brötchen in kleine Würfel schneiden. 1 Esslöffel Butter in einer Pfanne erhitzen und die Brotwürfel darin goldbraun rösten. Beiseite stellen. Die Schalotte abziehen, fein hacken und zusammen mit der Petersilie in der restlichen erhitzten Butter kurz schwenken. Mit den Brotwürfeln und den Eiern zur Kartoffelmasse geben. Mit Salz und Muskat würzen und mit dem Mehl binden. Alles zu einem glatten Teig verarbeiten.

3 Mit leicht bemehlten Händen Klöße formen. Die Klöße in leicht siedendem Salzwasser garen, bis sie an die Oberfläche steigen. Herausheben und abtropfen lassen. Sofort servieren.

STEIRISCHE WICKELKLÖSSE

ZUTATEN FÜR 4 PORTIONEN

- *1 kg mehlig kochende Kartoffeln*
- *1 Ei*
- *1 Eigelb*
- *130 g Mehl*
- *Salz und Pfeffer aus der Mühle*
- *Muskat*
- *1 TL abgeriebene Zitronenschale*
- *60 g Butter*
- *75 g Weißbrotwürfel*
- *Öl zum Bestreichen*
- *Eiweiß zum Bestreichen*

1 Die Kartoffeln in der Schale weich kochen, abziehen und noch heiß durch die Kartoffelpresse drücken. Ei, Eigelb und Mehl untermischen. Mit Salz, Pfeffer, Muskat und Zitronenschale zu einem glatten Teig verarbeiten. Die Butter in einer Pfanne erhitzen, die Weißbrotwürfel darin goldbraun anrösten und abkühlen lassen.

2 Alufolie auslegen, mit Öl bestreichen und den Teig darauf zu einer 1 Zentimeter dicken viereckigen Platte ausrollen. Mit Eiweiß bestreichen und die Weißbrotwürfel darauf verteilen, einen Rand stehen lassen. Aufrollen und in Alufolie fest einwickeln. Aus der Folie nehmen und die Teigrolle in etwa 3 bis 4 Zentimeter dicke Stücke teilen.

3 In einem großen Topf Salzwasser zum Kochen bringen. Die Wickelklöße vorsichtig hineinsetzen. Bei sanfter Hitze in 15 Minuten gar ziehen lassen.

Zutaten für 4 Portionen
- *¼ l Milch*
- *250 g Sahne*
- *4 Eier*
- *6 Brötchen vom Vortag*
- *250 g durchwachsener Speck*
- *4 Schalotten*
- *250 g Mehl*
- *Salz und Pfeffer aus der Mühle*
- *Muskat*
- *1 EL Butter*
- *½ Bund Petersilie*

Serviettenknödel

1 Die Milch und die Sahne erwärmen und mit den Eiern verquirlen. Die Brötchen in Scheiben schneiden und fein würfeln. Die Hälfte in der Eiermilch einweichen.

2 Den Speck würfeln und die Hälfte davon auslassen. Die restlichen Brotwürfel dazugeben und goldbraun rösten. Beiseite stellen und ausgekühlt zu den eingeweichten Brotwürfeln geben.

3 Die Schalotten abziehen. Eine Schalotte fein würfeln und unter die Masse geben. Nach und nach das Mehl untermengen, alles kräftig abschmecken und 20 Minuten quellen lassen.

4 Eine nasse Stoffserviette gründlich mit zerlassener Butter einstreichen. Aus der Brotmasse eine Rolle formen, straff in die Serviette einrollen und die Enden mit Küchengarn abbinden. Reichlich Salzwasser aufkochen, die Rolle einlegen und 1 Stunde und 15 Minuten ziehen lassen.

5 Unterdessen die restlichen Schalotten fein hacken. Die Petersilie waschen, trockenschwenken und ebenfalls fein hacken. Die restlichen Speckwürfel auslassen, Schalottenwürfel hinzufügen und die Petersilie untermengen. Den Knödel herausheben, auspacken, in Scheiben schneiden und mit der Speck-Schalotten-Mischung servieren.

Zutaten für 4 Portionen
- *200 g Roggenmehl*
- *50 g Grieben*
- *Salz*
- *Wasser nach Bedarf*

G'wichste (Roggenknödel)

1 Aus Mehl, Grieben, einer Prise Salz und etwas Wasser einen festen Teig zubereiten und kleine Knödel formen. Reichlich Salzwasser zum Kochen bringen. Die Knödel einlegen und etwa 25 Minuten bei milder Hitze garen lassen. Gelegentlich umrühren, damit die Knödel nicht am Boden ansetzen. Sobald die Knödel an die Oberfläche steigen, sind sie gar.

Tipp Die Knödel isst man zu Sauerkraut und gekochtem Geräuchertem.

Bayerische Semmelknödel

ZUTATEN FÜR 4 PORTIONEN

- 6–8 Brötchen vom Vortag
- 1/4 l Milch
- 1 Schalotte
- 1/2 Bund Petersilie
- 60 g Butter
- 1 EL durchwachsene Speckwürfel
- Salz und Pfeffer aus der Mühle
- Muskat
- 4 Eier

1 Die Brötchen in gleichmäßig dünne Scheiben schneiden und in eine Schüssel geben. Die Milch erwärmen und über die Brötchen geben, zugedeckt 30 Minuten quellen lassen.

2 Die Schalotte abziehen und fein würfeln. Die Petersilie waschen, trockenschwenken und fein hacken. Die Butter in einer Pfanne zerlassen. Schalottenwürfel, Speckwürfel und Petersilie zufügen und kurz andünsten. Beiseite stellen.

3 Inzwischen in einem weiten Topf reichlich Salzwasser zum Kochen bringen. Die Brötchenmasse mit Salz, Pfeffer, Muskat, den Eiern und der Zwiebelmischung gut vermengen.

4 Mit angefeuchteten Händen aus der Brötchenmasse kleine Knödel formen, in das kochende Wasser legen und bei milder Hitze 20 Minuten garen. Mit der Schaumkelle herausheben, abtropfen lassen und gleich servieren.

TIPP Semmelknödel schmecken hervorragend als Beilage zu Braten aller Art, zu Geflügel und Wild sowie zu Gulasch und Pilzen in Sahnesauce.

Niederbayerische Teigknödel

ZUTATEN FÜR 4 PORTIONEN

- 2–3 Brötchen vom Vortag
- 300 g Mehl
- 1 Ei
- 1/4 l Milch
- 1/4 l Wasser
- Salz

1 Die Brötchen fein würfeln. Mehl, Ei, Milch, Wasser und eine Prise Salz zu einem festen, geschmeidigen Teig verarbeiten. Die Brotwürfel anschließend untermischen. Den Teig zwei Stunden ruhen lassen. Gelegentlich kräftig durchkneten, damit sich alles gut vermischt.

2 Mit feuchten Händen Knödel formen. Sie sollten gleichmäßig groß sein. In einem großen Topf reichlich Salzwasser erhitzen. Die Knödel in das heiße, nicht kochende Wasser einlegen und bei milder Hitze etwa 20 Minuten ziehen lassen. Mit Sauerkraut und Schweinebraten servieren.

Bayerischer Hochzeitsknödel

Zutaten für 4 Portionen
- *120 g Butter*
- *3–4 Eier*
- *Salz*
- *Muskat*
- *150 g durchwachsene Speckwürfel*
- *150 g geriebener Emmentaler*
- *150 g fein geschnittenes Sauerkraut*
- *6 Brötchen vom Vortag*

1 50 Gramm Butter mit den Eiern schaumig rühren, mit Salz und Muskat würzen. Speckwürfel, Käse, gut ausgedrücktes Sauerkraut und die fein würfelig geschnittenen Brötchen hinzugeben und alles gut durchkneten. Einen großen Knödel formen. Den Teig etwas quellen lassen.

2 Eine Serviette befeuchten und den Knödel darin straff einwickeln. Die Enden mit Küchengarn abbinden.

3 Reichlich Salzwasser zum Kochen bringen, den Knödel einlegen und 30 Minuten bei milder Hitze garen lassen.

4 In der Zwischenzeit die restliche Butter zerlassen. Den Knödel mit der Schaumkelle aus dem Wasser heben, sofort aufreißen und mit der Butter servieren.

TIPP Sie können den Knödel zum Garen auch in ein Stück Alufolie wickeln.

Bauernknödel

Zutaten für 4 Portionen
- *175 g Mischbrot*
- *40 g Butter*
- *275 g Mehl*
- *75 ml Milch*
- *4 Eier*
- *Salz*
- *Muskat*
- *1 EL fein gehackte Petersilie*

1 Brot fein würfeln. Butter erhitzen und die Brotwürfel darin goldbraun braten. Beiseite stellen und abkühlen lassen.

2 Unterdessen Mehl, Milch und Eier miteinander verrühren und zu einem glatten Teig verarbeiten. Mit Salz und Muskat würzen. 30 Minuten ruhen lassen.

3 Die Brotwürfel und die gehackte Petersilie unter den Teig mischen. Mit feuchten Händen gleichmäßig große, runde Klöße formen. Anschließend in kochendes Salzwasser geben, einmal kräftig aufkochen, Deckel halb auf den Topf legen und die Knödel bei milder Hitze in 15 Minuten gar ziehen lassen.

ZUTATEN FÜR 4 PORTIONEN

- *4 Brötchen vom Vortag*
- *½ l Milch*
- *150 g Grünkernschrot*
- *2 Schalotten*
- *70 g Butter*
- *2 Eier*
- *1 EL Schnittlauchröllchen*
- *1 EL fein gehackter Kerbel*
- *Salz und Pfeffer aus der Mühle*
- *Muskat*

GRÜNKERNKLÖSSE ▸

1 Die Brötchen in dünne Scheiben schneiden und mit ¼ Liter heißer Milch übergießen. Die restliche Milch erhitzen, den Grünkernschrot einstreuen, einmal aufkochen lassen, die Hitze reduzieren und den Grünkern ausquellen lassen.

2 Die Schalotten abziehen und fein würfeln. Die Butter in einer Pfanne erhitzen, die Schalottenwürfel darin glasig dünsten. Anschließend die ausgedrückten Brötchen und den Grünkernschrot hinzufügen und alles unter ständigem Rühren zu einem Teig verarbeiten. Die Masse aus der Pfanne nehmen und kurz abkühlen lassen.

3 Die Eier und die Kräuter zur Grünkernmasse geben und untermengen, mit Salz, Pfeffer und Muskat würzen.

4 Mit nassen Händen Klöße formen. Reichlich Salzwasser zum Kochen bringen, die Grünkernklöße in das kochende Wasser geben und einmal aufkochen lassen. Im offenen Topf bei milder Hitze etwa 15 Minuten garen.

ZUTATEN FÜR 4 PORTIONEN

- *200 g Hirse*
- *1 EL Kürbiskerne*
- *1 Zwiebel*
- *½ Bund Petersilie*
- *2 Eier*
- *Salz und Pfeffer aus der Mühle*
- *Sonnenblumenöl*

HIRSEKLÖSSCHEN

1 Hirse in gut der doppelten Menge Salzwasser zugedeckt zum Kochen bringen und bei schwacher Hitze in 20 Minuten garen. Etwas abkühlen lassen.

2 Inzwischen die Kürbiskerne fein hacken. Zwiebel schälen und ebenfalls fein hacken. Petersilie waschen, trockenschwenken und fein hacken.

3 Hirse mit Kürbiskernen, Zwiebel, Petersilie und Eiern mischen und mit Salz und Pfeffer würzen.

4 Für die Klöße Öl in einer Pfanne erhitzen. Aus der Hirsemasse kleine Klößchen formen, in die Pfanne setzen und bei mittlerer Hitze von beiden Seiten 10 bis 12 Minuten goldbraun braten. Einmal wenden.

LAUGENBREZENKNÖDEL

ZUTATEN FÜR 4 PORTIONEN

- *1 Zwiebel*
- *½ Bund Petersilie*
- *2 EL durchwachsene Speckwürfel*
- *2 Laugenbrezen oder -brötchen (150 g)*
- *5 EL Milch*
- *1 Ei*
- *1 Eigelb*
- *25 g flüssige Butter (plus Butter für die Folie)*
- *Pfeffer aus der Mühle*
- *Muskat*

1 Die Zwiebel abziehen und fein würfeln. Die Petersilie waschen, trockenschwenken und ebenfalls fein hacken. Speck auslassen, Zwiebelwürfel darin glasig dünsten.

2 Inzwischen Brezen grob würfeln. Milch, Ei und Eigelb verquirlen und mit den Brezenstücken, der Butter, Petersilie und den Zwiebelwürfeln vermengen. Mit Pfeffer und Muskat abschmecken und alles gut vermischen. 15 Minuten ruhen lassen.

3 Ein Stück Alufolie gründlich mit zerlassener Butter einstreichen. Aus der Brotmasse eine Rolle formen, straff in die Alufolie einrollen und die Enden gut zudrehen. Reichlich Salzwasser aufkochen, die Rolle einlegen und bei milder Hitze 20 Minuten ziehen lassen.

4 Den Knödel herausheben, auspacken und in Scheiben schneiden. Sie schmecken besonders gut zu Rinderbraten und Wild.

HEFEKNÖPFLE

ZUTATEN FÜR 4 PORTIONEN

- *500 g Mehl*
- *40 g frische Hefe*
- *Salz*
- *¼ l lauwarmes Wasser*

1 Das Mehl in eine Schüssel sieben, in die Mitte eine Mulde drücken. Die Hefe mit etwas Salz in dem Wasser verrühren, in die Mulde gießen, mit Mehl bestäuben und den Vorteig zugedeckt 30 Minuten an einem warmen Platz aufgehen lassen.

2 Danach die Masse mit den Knethaken des elektrischen Handrührgerätes zu einem glatten Teig verarbeiten, zudecken und erneut aufgehen lassen.

3 Den Teig in 4 gleich große Stücke teilen und 4 Klöße formen.

4 In einem großen Topf Salzwasser zum Kochen bringen. Die Klöße in das Wasser geben, dabei darauf achten, dass sie sich nicht gegenseitig berühren. Zugedeckt bei geringer Hitze etwa 20 Minuten kochen. Die Knöpfle mit der Schaumkelle aus dem Wasser nehmen, gut abtropfen lassen. Mit zwei Gabeln aufreißen und servieren.

Thüringer Hefe-Wickelklösse

Zutaten für 4 Portionen
- *500 g Mehl*
- *30 g Hefe*
- *1 TL Zucker*
- *300 ml lauwarme Milch*
- *Salz*
- *50 g Butter*
- *80 g Weißbrotwürfel*

1 Das Mehl in eine Schüssel geben und eine Mulde in die Mitte drücken. Die Hefe in einer Tasse zerbröckeln und mit dem Zucker, etwas Mehl sowie 2 Esslöffeln Milch verrühren. Die Mischung in die Mulde geben und mit etwas Mehl bestäuben. Zugedeckt an einem warmen Ort stehen lassen, bis die Hefe Blasen bildet und aufgeht.

2 Die restliche Milch und etwas Salz hinzugeben und alles so lange kneten, bis sich der Teig von den Händen löst. Dabei den Teig noch einmal kräftig durcharbeiten, damit genügend Luft hineinkommt. Abgedeckt an einem warmen, zugfreien Ort nochmals gehen lassen.

3 Die Butter in einer Pfanne erhitzen, die Weißbrotwürfel darin goldbraun anrösten und abkühlen lassen.

4 Die Masse auf einer bemehlten Fläche zu einer 1 Zentimeter dicken viereckigen Platte ausrollen. Die Weißbrotwürfel darauf verteilen und leicht andrücken. Den Teig aufrollen, die Enden zusammendrücken. Von der Rolle etwa 2 bis 3 Zentimeter dicke Stücke vorsichtig abschneiden und formen.

5 Salzwasser zum Kochen bringen, ein Tuch über den Topf spannen, die Klöße drauflegen und mit einem zweiten Topf bedecken. Die Klöße 15 Minuten dämpfen.

Thüringer Mehlklösse

Zutaten für 4 Portionen
- *300 g Mehl*
- *2 Eier*
- *375 ml Milch*
- *Salz*
- *200 g Weißbrot (7 Scheiben)*
- *2 EL Butter*
- *Semmelbrösel*

1 Mehl, Eier, Milch und eine Prise Salz zu einem Teig verarbeiten. Den Teig so lange schlagen, bis er Blasen wirft.

2 Das Weißbrot entrinden, fein würfeln, in zerlassener Butter kurz rösten und mit dem Teig vermengen. Ist der Teig zu feucht, etwas Semmelbrösel dazugeben.

3 Mit zwei nassen Esslöffeln Klöße abstechen. In sprudelndes Salzwasser setzen und etwa 15 Minuten leise ziehen lassen.

Böhmische Knödel ▸

ZUTATEN FÜR 4 PORTIONEN

- 4 Brötchen vom Vortag
- 1 EL Butter
- 250 g Mehl
- ½ Päckchen Backpulver
- Salz
- ⅛–¼ l Milch
- 2 Eier
- Pfeffer aus der Mühle
- Muskat

1 Die Brötchen fein würfeln und in der erhitzten Butter anrösten. Beiseite stellen.

2 Mehl, Backpulver und eine Prise Salz in einer Schüssel mischen, die Milch langsam dazugießen und gut mit dem Mehl verrühren. Die Milch vorsichtig dosieren (bei zu viel Milch gehen die Knödel nicht auf). Nach und nach die Eier dazugeben. Mit Pfeffer und Muskat würzen.

3 Die Brötchenwürfel unterarbeiten und den Teig so lange kneten, bis er weich und glatt ist. Zwei längliche Rollen formen und 20 Minuten ruhen lassen.

4 Die Rollen in kochendes Salzwasser geben und zugedeckt bei milder Hitze 30 Minuten ziehen lassen. Nach 15 Minuten wenden. Die fertigen Knödel herausheben und in 2 Zentimeter dicke Scheiben schneiden.

Buchweizenklösse

ZUTATEN FÜR 4 PORTIONEN

- 500 g mehlig kochende Kartoffeln
- 130 g durchwachsener Speck
- 2 Zwiebeln
- 1 EL fein gehackte Petersilie
- 125 g Buchweizenmehl
- 2 Eier
- 2 EL Milch
- Salz und Pfeffer aus der Mühle
- Muskat
- 80 g Butter
- 100 g Bergkäse

1 Die Kartoffeln in der Schale weich kochen, abziehen und lauwarm durch die Kartoffelpresse drücken. Den Speck fein würfeln, die Zwiebeln abziehen und fein hacken.

2 Den Speck in der Pfanne auslassen, die Zwiebelwürfel und die Petersilie kurz anschwitzen. Die Speck-Zwiebel-Mischung, Buchweizenmehl, Eier, Milch und Gewürze mit der Kartoffelmasse zu einem glatten Teig verarbeiten.

3 Mit nassen Händen Klöße formen. In einem großen Topf Salzwasser zum Kochen bringen. Die Klöße darin bei milder Hitze etwa 20 Minuten garen. Mit zerlassener Butter und geriebenem Bergkäse servieren.

TIPP Reste vom Mittagessen kann man hervorragend in der Pfanne anrösten. Die Knödel in Scheiben schneiden, in Butter mit gehackten Zwiebeln goldgelb anbraten, vor dem Servieren Schnittlauchröllchen darüber streuen.

Gnocchi alla Romana

Zutaten für 4 Portionen

- *400 ml Wasser*
- *Salz*
- *200 g Hartweizengrieß*
- *80 g Butter*
- *2 Eigelb*
- *200 g frisch geriebener Parmesan*

1 Das Wasser mit etwas Salz aufkochen. Den Grieß einstreuen und dabei ständig umrühren. 5 Minuten garen, dann vom Herd nehmen. Bevor der Grieß auskühlt, die Hälfte der Butter und das verquirlte Eigelb unterziehen. Dabei ständig rühren.

2 Die Masse etwa 1 Zentimeter hoch auf einen gebutterten Teller streichen und einige Stunden auskühlen lassen.

3 Mit einem Glas oder einem Förmchen kleine Kreise ausstechen. Die Gnocchi nebeneinander in eine gefettete Auflaufform setzen. Die restliche Butter schmelzen lassen und die Gnocchi damit beträufeln.

4 Den Backofen auf 180 °C (Umluft 160 °C) vorheizen. Die Gnocchi in den Backofen geben und 20 bis 25 Minuten garen. Mit geriebenem Parmesan bestreuen.

Gnocchi mit Salbei

Zutaten für 4 Portionen

- *1 kg mehlig kochende Kartoffeln*
- *½ Bund Petersilie*
- *250 g Mehl*
- *1 Ei*
- *1 Eigelb*
- *1 Prise Salz*
- *100 g Butter*
- *6 Salbeiblätter*
- *100 g frisch geriebener Parmesan*

1 Die Kartoffeln in der Schale weich kochen, abziehen und noch heiß durch die Kartoffelpresse auf ein Holzbrett drücken. Die Petersilie waschen, trockenschwenken und fein hacken. Mehl, Petersilie, Ei, Eigelb und Salz unter die Kartoffelmasse geben und so lange kneten, bis ein glatter Teig entstanden ist.

2 Aus dem Teig Rollen von etwa 2 Zentimeter Durchmesser formen. Diese mit einem Messer in 2 Zentimeter lange Stücke schneiden. Mit einer Gabel längs eindrücken und zu ovalen Klößchen (Gnocchi) formen. Etwa 20 Minuten ruhen lassen.

3 Anschließend die Gnocchi portionsweise in siedendem Salzwasser garen. Sobald sie an die Oberfläche steigen, sind sie gar. Herausnehmen und abtropfen lassen. Die Butter zerlassen, die Salbeiblätter darin schwenken. Die Gnocchi in die Pfanne geben und gründlich mit der Butter mischen. Mit Parmesan servieren.

Gnocchi al Gorgonzola

Zutaten für 4 Portionen

- 1 kg mehlig kochende Kartoffeln
- 250 g Mehl
- Salz

Für die Sauce

- 150 g Gorgonzola
- 1 Zwiebel
- 1 Knoblauchzehe
- 4 Salbeiblätter
- 1 EL Olivenöl
- 350 g Sahne
- Salz
- Weißer Pfeffer aus der Mühle

1 Die Kartoffeln in der Schale weich kochen, abziehen und noch heiß durch die Karttoffelpresse auf ein bemehltes Holzbrett drücken.

2 Die Masse etwas auskühlen lassen. Mit dem Mehl und etwas Salz mischen und gut kneten.

3 Aus dem Kartoffelteig Rollen von etwa 2 Zentimeter Durchmesser formen. Diese mit einem Messer in 2 Zentimeter lange Stücke schneiden. Mit einer Gabel längs ein wenig eindrücken und zu ovalen Klößchen (Gnocchi) formen. Etwa 20 Minuten ruhen lassen.

4 Unterdessen den Gorgonzola von der Rinde befreien und in Würfel schneiden. Zwiebel und Knoblauchzehe abziehen und fein hacken. Salbei in Streifen schneiden.

5 Das Öl in einem Topf erhitzen. Zwiebel- und Knoblauchwürfel darin andünsten. Sahne, Salbei und den Käse hinzugeben und bei milder Hitze unter ständigem Rühren garen, bis der Gorgonzola geschmolzen ist. Mit Salz und Pfeffer würzen.

6 Anschließend die Gnocchi portionsweise in siedendem Salzwasser garen. Sobald sie an die Oberfläche steigen, sind sie gar. Mit der Gorgonzolasauce servieren.

Pesto

Zutaten für 4 Portionen

- 1 Knoblauchzehe
- 25 g Pinienkerne
- 80 g frisches Basilikum
- 1/4 TL grobes Meersalz
- 40 g geriebener Pecorino
- 80 g geriebener Parmesan
- 1/8 l Olivenöl

1 Die Knoblauchzehe abziehen und fein hacken, die Pinienkerne in einer Pfanne trocken rösten, die Basilikumblätter in kleine Stücke zupfen. Alles mit dem Salz im Mörser gründlich zerreiben, bis eine Paste entsteht.

2 Die Kräutermischung in eine Schüssel geben, mit dem Pecorino und Parmesan vermischen. Das Olivenöl langsam zugießen und so lange rühren, bis eine cremige Sauce entstanden ist. Zu Gnocchi reichen; Pesto schmeckt aber auch zu Bandnudeln.

SPINATGNOCCHI MIT TOMATENSAUCE ▸

ZUTATEN FÜR 4 PORTIONEN

- *500 g frischer Blattspinat*
- *Salz*
- *100 g Ricotta*
- *100 g geriebener Parmesan*
- *2 Eier*
- *100 g griffiges Mehl (z. B. Wiener Grießler)*
- *70 g Semmelbrösel*
- *Pfeffer aus der Mühle*

TOMATENSAUCE

- *8 Tomaten*
- *2 Knoblauchzehen*
- *1 Schalotte*
- *4 EL Olivenöl*
- *2 EL Gemüsebrühe*
- *Salz und Pfeffer aus der Mühle*
- *2 EL fein gehackte Petersilie*

AUSSERDEM

- *4 EL Olivenöl*
- *2 EL Mandelblättchen*
- *4 EL geriebener Parmesan*

1 Den Spinat verlesen, sorgfältig waschen und abtropfen lassen. Dann 2 Minuten in reichlich kochendem Salzwasser blanchieren, kalt abschrecken, gut abtropfen und auskühlen lassen.

2 Mit der Kartoffelpresse das Kochwasser herausdrücken und den Blattspinat grob hacken. Mit Ricotta, geriebenem Parmesan und Eiern vermischen, zum Schluss das Mehl und die Semmelbrösel untermengen. Die Masse zu einem Teig verarbeiten, mit Salz und Pfeffer würzen und 30 Minuten ruhen lassen.

3 Etwa 3 Liter Wasser in einem flachen Topf zum Kochen bringen. Mit zwei nassen Esslöffeln kleine Portionen von der Masse abstechen und zu länglichen Klößchen (Gnocchi) formen. In das sprudelnde Salzwasser setzen und bei milder Hitze etwa 10 Minuten garen (sie sind gar, sobald sie an die Oberfläche steigen).

4 Unterdessen die Tomaten mit heißem Wasser überbrühen und häuten. Das Fruchtfleisch würfeln und entkernen, dabei die Stielansätze entfernen. Die Knoblauchzehen und die Schalotte abziehen und fein hacken. Das Olivenöl in einer Pfanne erhitzen und die Tomaten mit den Schalotten- und Knoblauchwürfeln kurz anschwitzen. Die Gemüsebrühe dazugießen, mit Salz, Pfeffer und Petersilie würzen, alles gut verrühren und etwas einköcheln lassen.

5 Inzwischen die Gnocchi mit der Schaumkelle aus dem Wasser nehmen und gut abtropfen lassen. 2 Esslöffel Olivenöl erhitzen und die Gnocchi darin schwenken. Die Mandelblättchen in einer Pfanne ohne Fettzugabe goldbraun rösten. Die Gnocchi mit der Tomatensauce anrichten, mit Parmesan und gerösteten Mandelblättchen bestreuen und mit dem restlichen Olivenöl beträufeln. Sofort servieren.

Gemüsenockerln

Zutaten für 4 Portionen
- *200 g Brezeln (3 Stück)*
- *¼ l Milch*
- *1 Ei*
- *2 EL fein gehackte Petersilie*
- *3 EL pürierte Karotten*
- *Salz und Pfeffer aus der Mühle*

1 Die Brezeln in 1 Zentimeter große Würfel schneiden. Mit aufgekochter, leicht abgekühlter Milch übergießen. Kurz stehen lassen. Ei, Petersilie und Karotten dazugeben. Zuletzt mit Salz und Pfeffer würzig abschmecken.

2 Mit einem Esslöffel vom Brezelteig Nockerln abstechen.

3 Reichlich Salzwasser aufkochen und die Nockerln darin bei milder Hitze in etwa 15 bis 20 Minuten gar ziehen lassen.

Zwiebelnockerln

Zutaten für 4 Portionen
- *1 Zwiebel*
- *30 g Butter*
- *1 EL fein gehackte Petersilie*
- *200 g Mehl*
- *2 Eier*
- *⅛ l Milch*
- *Salz und Pfeffer aus der Mühle*

1 Die Zwiebel abziehen und fein würfeln. In einer Pfanne die Butter zerlassen, die Zwiebelwürfel darin glasig dünsten und mit der gehackten Petersilie bestreuen. Mit Mehl, Eiern und Milch zu einem glatten Teig verrühren. Mit Salz und Pfeffer würzen.

2 Mit einem Teelöffel kleine Nockerln von der Masse abstechen. In einem großen Topf reichlich Salzwasser zum Kochen bringen und die Nockerln darin bei milder Hitze 15 bis 20 Minuten garen lassen. Diese milden würzigen Zwiebelnockerln sind eine schöne Beilage zu Fischgerichten.

KRÄUTERKNÖDEL

ZUTATEN FÜR 4 PORTIONEN

- 1 kg mehlig kochende Kartoffeln
- 90 g Hartweizengrieß
- 70–80 g Mehl
- Salz und Pfeffer aus der Mühle
- Muskat
- 2 Eier
- 2 Eigelb
- 1 Knoblauchzehe
- 1 Bund Petersilie
- 1 Bund Basilikum
- 4 Kerbelzweige
- 1 EL Schnittlauchröllchen

1 Die Kartoffeln in der Schale weich kochen, schälen und noch heiß durch die Kartoffelpresse drücken. Die Masse abkühlen lassen.

2 50 Gramm Grieß, Mehl, Salz, Pfeffer und Muskat untermischen. Die Eier und die Eigelbe verquirlen und zur Kartoffelmasse geben. Alles gründlich durchkneten. Eventuell noch etwas Mehl dazugeben.

3 Die Knoblauchzehe abziehen, die Kräuter waschen und trockenschwenken. Den restlichen Grieß mit dem Knoblauch, den Kräutern und dem Schnittlauch im Mixer pürieren und unter den Kartoffelteig mischen.

4 Mit leicht bemehlten Händen tennisballgroße Knödel formen. In einem großen Topf reichlich Salzwasser zum Kochen bringen. Die Knödel in das kochende Wasser geben und einmal kräftig aufkochen lassen. Dann im offenen Topf bei milder Hitze etwa 15 bis 20 Minuten garen. Schmeckt zu Fleischgerichten mit Sauce.

SPINATTOPFENNOCKEN

ZUTATEN FÜR 4 PORTIONEN

- 400 g Blattspinat
- 400 g Topfen (Quark)
- 2 Eier
- 80 g Mehl
- 40 g frisch geriebener Parmesan
- Salz und Pfeffer aus der Mühle
- Muskat
- 2 El zerlassene Butter

1 Den Spinat waschen, verlesen und von den Stielen befreien. In einem Topf mit Salzwasser 2 Minuten blanchieren, abgießen, gut ausdrücken und klein schneiden. Mit den restlichen Zutaten gut vermengen. Masse 15 Minuten ruhen lassen.

2 Mit einem Teelöffel Nocken abstechen. In einem großen Topf reichlich Salzwasser zum Kochen bringen und die Nocken darin bei milder Hitze 15 Minuten garen lassen. Mit zerlassener Butter oder frischer Tomatensauce servieren.

SAUERKRAUTKLÖSSCHEN

ZUTATEN FÜR 4 PORTIONEN

- *250 g fertig gegartes Sauerkraut*
- *400 g gemischtes Hackfleisch*
- *1 Ei*
- *1 EL Speisestärke*
- *1–2 EL Semmelbrösel*
- *1 EL Schnittlauchröllchen*
- *Salz und Pfeffer*
- *Pflanzenöl*

1 Das gegarte Sauerkraut auf ein Sieb geben, die Flüssigkeit ausdrücken, das Sauerkraut klein schneiden und in eine Schüssel geben.

2 Hackfleisch, Ei, Speisestärke, Semmelbrösel und Schnittlauchröllchen dazugeben und alles gut vermengen. Mit Salz und Pfeffer würzen. Mit nassen Händen Klößchen formen.

3 Öl in einer Pfanne erhitzen und darin die Klößchen von allen Seiten goldbraun braten.

KASTANIENNOCKEN ▸

ZUTATEN FÜR 4 PORTIONEN

- *500 g mehlig kochende Kartoffeln*
- *Salz*
- *100 g gekochte, passierte Kastanien*
- *100 g Mehl*
- *2 Eigelb*
- *70 g Butter*
- *1 EL Mandelblättchen*
- *1 EL fein gehackte Petersilie*
- *80 g frisch geriebener Pecorino*

1 Die Kartoffeln schälen, in Salzwasser weich kochen und noch heiß durch die Kartoffelpresse in eine Schüssel drücken. Die Masse etwas abkühlen lassen.

2 Pürierte Kastanien, Mehl und die beiden Eigelbe unter die Kartoffelmasse mischen und so lange kneten, bis ein glatter Teig entstanden ist.

3 Mit zwei nassen Esslöffeln kleine Portionen von der Masse abstechen und zu länglichen Klößchen formen. In sprudelndes Salzwasser setzen und bei milder Hitze 8 bis 10 Minuten garen.

4 Die Nocken mit der Schaumkelle aus dem Wasser nehmen, gut abtropfen lassen und kurz in der zerlassenen Butter schwenken. Die Mandelblättchen in einer Pfanne ohne Fettzugabe rösten. Mit Petersilie, Pecorino und Mandelblättchen bestreut servieren.

TIPP Im Mittelalter und in der Renaissance galten Edelkastanien als »Brot der Armen«. Heute sind sie vor allem in der feinen Küche eine beliebte Zutat für Suppen und Desserts. In der Saison können Sie sie selbst kochen, Sie bekommen sie aber auch fertig in Dosen.

ZUTATEN FÜR 20-25 BÄLLCHEN

- 1 Brötchen vom Vortag
- 1 große Gemüsezwiebel
- 5 Knoblauchzehen
- Olivenöl
- 4 cl trockener Sherry
- 350 g Rinderhackfleisch
- 150 g Schweinehackfleisch
- 2 Eier
- ½ Bund Petersilie
- Salz und Pfeffer aus der Mühle
- Mehl

ALBÓNDIGAS AUS SPANIEN

1 Das Brötchen in Scheiben schneiden und in eine Schüssel geben. In warmem Wasser einweichen. Inzwischen die Gemüsezwiebel und zwei Knoblauchzehen abziehen und fein hacken. In einer Pfanne etwas Olivenöl erhitzen. Zwiebel- und Knoblauchwürfel darin kurz andünsten. Mit dem Sherry ablöschen und zur Seite stellen.

2 Das Hackfleisch mit den Eiern und den ausgedrückten Brötchenscheiben gut vermengen. Die Petersilie waschen, trockenschwenken und fein hacken. Zwiebel- und Knoblauchwürfel und Petersilie unter die Hackfleischmischung mengen. Mit Salz und Pfeffer würzen.

3 Mit angefeuchteten Händen aus der Masse kleine Bällchen formen und in etwa Mehl wenden. Die übrigen Knoblauchzehen schälen und zerdrücken. In einer großen Pfanne Olivenöl mit den Knoblauchzehen erhitzen und die Fleischbällchen darin portionsweise goldbraun braten.

ZUTATEN FÜR 20 BÄLLCHEN

- 250 g Kichererbsen
- 2 Zwiebeln
- 3 EL gehackte Petersilie
- Je 1 TL Backpulver, Salz, gemahlener Kreuzkümmel, gemahlener Koriander
- Je 1 Prise gemahlener Zimt, Nelken, Piment, etwas Pfeffer
- Pflanzenöl zum Ausbacken

KICHERERBSENBÄLLCHEN – FALAFEL

1 Kichererbsen mit Wasser bedecken und über Nacht einweichen. Am nächsten Tag Einweichwasser abgießen, die Kichererbsen in einem Sieb unter fließendem Wasser abspülen, gut abtropfen lassen.

2 Zwiebeln abziehen und vierteln. Die Kichererbsen mit den Zwiebelstücken, der Petersilie und allen anderen Zutaten in eine Küchenmaschine geben und nicht zu fein hacken. Die Masse soll locker und krümelig sein. Mit feuchten Händen kleine Bällchen formen.

3 Reichlich Öl in einer hohen, weiten Pfanne erhitzen und die Bällchen portionsweise von allen Seiten in etwa 4 Minuten goldbraun ausbacken. Herausheben und au Küchenpapier abtropfen lassen. Mit Jogurtsauce (Tsatsiki) servieren.

Hackbällchen mit Tomatensauce

1 Zwiebel und Knoblauchzehen abziehen und fein hacken. Die Petersilie waschen, trockenschwenken und ebenfalls fein hacken.

2 In einer Pfanne etwas Öl erhitzen, Zwiebel- und Knoblauchwürfel und gehackte Petersilie darin andünsten. Vom Herd nehmen und abkühlen lassen.

3 Hackfleisch in eine große Schüssel geben, Ei, Senf und Petersilien-Zwiebelmischung untermischen und sorgfältig vermengen. Mit Salz, Pfeffer und Oregano kräftig abschmecken. So viel Semmelbrösel hinzufügen, dass der Teig eine feste Konsistenz bekommt.

4 Mit feuchten Händen kleine, gleich große Bällchen formen und in einer hohen Pfanne mit reichlich Öl nacheinander ausbraten. Herausheben und auf Küchenpapier abtropfen lassen.

5 Für die Tomatensauce Schalotten abziehen und fein hacken. Chilischote waschen, entkernen und fein hacken.

6 Olivenöl in einer Pfanne erhitzen, die Schalottenwürfel darin glasig dünsten. Chilistückchen, die Tomaten mit Flüssigkeit und das Tomatenmark dazugeben.

7 Nach Geschmack mit Salz und etwas Zucker würzen und bei milder Hitze etwa 1 Stunde köcheln lassen. Dabei gelegentlich umrühren. Die Sauce muss eindicken, aber flüssig bleiben. Abkühlen lassen.

8 Die Hackfleischbällchen mit der scharfen Tomatensauce servieren.

Zutaten für 20-25 Bällchen

- 1 Zwiebel
- 2 Knoblauchzehen
- ½ Bund Petersilie
- Sonnenblumenöl
- 500 g Rinderhackfleisch
- 1 Ei
- 1 EL Dijon-Senf
- Salz und Pfeffer aus der Mühle
- Oregano
- 2–3 EL Semmelbrösel

Tomatensauce

- 2 Schalotten
- 1 rote Chilischote
- 2 EL Olivenöl
- 500 g geschälte Tomaten (frisch oder aus der Dose)
- 1 EL Tomatenmark
- Salz
- 1 Prise Zucker

FLEISCHKLÖSSE THÜRINGER ART ▸

ZUTATEN FÜR 4 PORTIONEN
- *1 kg mehlig kochende Kartoffeln*
- *100 g Mehl*
- *2 Eier*
- *Salz und Pfeffer aus der Mühle*
- *1 kleine Zwiebel*
- *1 EL Butter*
- *130 g durchwachsene Speckwürfel*
- *250 g gemischtes Hackfleisch*
- *2 EL Semmelbrösel*
- *Etwas Schnittlauch*

1 Die Kartoffeln in der Schale weich kochen, abziehen und noch heiß durch die Kartoffelpresse in eine Schüssel drücken. Mehl und Eier untermischen und so lange kneten, bis ein glatter Teig entstanden ist.

2 Zwiebel abziehen, fein hacken und in der heißen Butter andünsten. Abkühlen lassen. Zwiebel- und Speckwürfel mit dem Hackfleisch und den Semmelbröseln vermengen, mit Salz und Pfeffer abschmecken.

3 Aus dem Teig knapp tennisballgroße Stücke abteilen und flach drücken. Jeweils etwas Fleischfüllung in die Mitte geben und runde Klöße formen. 3 Liter Wasser mit Salz zum Kochen bringen und die Klöße darin in etwa 20 Minuten gar ziehen lassen. Mit Schnittlauch bestreuen.

TIPP Für diesen Teig ist es wichtig, dass die Kartoffeln heiß passiert und anschließend sehr schnell verarbeitet werden.

GEFLÜGELBÄLLCHEN

ZUTATEN FÜR 4 PORTIONEN
- *½ Bund Petersilie*
- *180 g Weißbrot vom Vortag (6 Scheiben)*
- *120 g Sahne*
- *400 g durchgedrehtes rohes Hühnerfleisch*
- *1 Eigelb*
- *1 TL abgeriebene Zitronenschale*
- *100 g frisch geriebener Gruyère*
- *Salz, Pfeffer, Muskat*
- *4 EL Semmelbrösel*
- *Pflanzenöl*

1 Die Petersilie waschen, trockenschwenken und fein hacken. Das Weißbrot entrinden, fein würfeln und in der Sahne einweichen. Mit Fleisch, Eigelb, Petersilie, Zitronenschale und Käse vermengen. Mit Salz, Pfeffer und Muskat würzen. Sollte der Teig zu feucht sein, mit Semmelbröseln binden.

2 Mit nassen Händen knapp tennisballgroße Klöße formen und in Semmelbröseln wenden. Reichlich Öl in einer hohen, weiten Pfanne erhitzen und die Bällchen portionsweise von allen Seiten goldbraun ausbacken. Herausheben und auf Küchenpapier abtropfen lassen.

TIPP Wenn Sie einen Fleischwolf besitzen, ist die Herstellung von Hühnerhackfleisch kein Problem. Aus Gründen der Hygiene das Hühnerhackfleisch immer erst unmittelbar vor Gebrauch herstellen.

LEBERKNÖDEL PFÄLZER ART

ZUTATEN FÜR 4 PORTIONEN

- *500 g durchpassierte Leber*
- *250 g Hackfleisch*
- *1 Schalotte*
- *50 g durchwachsener Speck*
- *2 EL Butter*
- *2 Brötchen vom Vortag*
- *60 ml Milch*
- *2 Eier*
- *1 TL getrockneter Majoran*
- *Salz und Pfeffer aus der Mühle*
- *Muskat*
- *Etwas Semmelbrösel*

1 Leber und Hackfleisch in einer Schüssel miteinander vermengen. Die Schalotte abziehen und fein würfeln. Den Speck ebenfalls würfeln. Speck- und Schalottenwürfel in der heißen Butter andünsten.

2 Die Brötchen in der Milch einweichen und gut ausdrücken. Schalotten- und Speckwürfel und die auseinander gezupften Brötchen zum Fleisch geben, diesen Teig mit den Eiern vermengen und kräftig würzen. Etwa 30 Minuten kalt stellen und gehen lassen. Sollte der Teig zu feucht sein, etwas Semmelbrösel untermengen.

3 Mit nassen Händen glatte, runde Knödel formen und in Fleischbrühe 15 Minuten gar ziehen lassen.

LEBERKNÖDEL

ZUTATEN FÜR 4 PORTIONEN

- *10–12 Brötchen vom Vortag*
- *2 Eier*
- *½ l Milch*
- *Salz*
- *1 Zwiebel*
- *100 g Butter*
- *250 g fein gehackte Rinderleber*
- *2 EL Mehl*
- *2 EL fein gehackte Petersilie*
- *½ TL getrockneter Majoran*

1 Die altbackenen Brötchen in dünne Scheiben schneiden. Eier, Milch und eine Prise Salz schaumig rühren. Diese Eiermilch nun über die Brötchen gießen und etwa 1 Stunde einweichen lassen, so dass die Brötchen gut durchziehen können.

2 Unterdessen die Zwiebel abziehen und fein hacken. Die Butter in einer Pfanne erhitzen und die Zwiebelwürfel darin glasig dünsten. Anschließend die Zwiebelwürfel zur Brötchenmasse geben, die Rinderleber und die restlichen Zutaten untermengen. Den Teig gut durcharbeiten und abschmecken.

3 In einem großen Topf reichlich Salzwasser zum Kochen bringen. Mit nassen Händen tennisballgroße Knödel formen, diese in das kochende Salzwasser einlegen und bei milder Hitze in etwa 20 Minuten gar ziehen lassen.

GRAMMELKNÖDEL

ZUTATEN FÜR 4 PORTIONEN

- *250 g Grieben*
- *8 Brötchen vom Vortag*
- *1 Zwiebel*
- *250 g Mehl*
- *3 Eier*
- *1/8–1/4 l Milch*
- *Salz und Pfeffer aus der Mühle*

1 Die Grieben auslassen. Die Brötchen in dünne Scheiben schneiden. Die Zwiebel abziehen und fein hacken. Brötchen und Zwiebelwürfel mit den ausgelassenen Grieben, dem Mehl, den Eiern und der Milch vermischen. Die Milch dabei vorsichtig dosieren, bis ein fester Teig entsteht. Alles gut durchkneten und mit Salz und Pfeffer kräftig abschmecken.

2 Aus dem Teig Knödel formen und 20 Minuten in leicht siedendem Salzwasser gar ziehen lassen.

TIPP Grieben bekommt man, wenn man Schweinespeck ausbrät. Die dabei entstehenden Speckstückchen nennt man auch Grammeln. In Bayern kann man sie beim Metzger kaufen.

INNVIERTLER SPECKKNÖDEL

ZUTATEN FÜR 4 PORTIONEN

- *500 g mehlig kochende Kartoffeln*
- *130 g durchwachsener Speck*
- *2 EL fein gehackte Petersilie*
- *120 g Mehl*
- *2 EL Grieß*
- *2 Eier*
- *Salz und Pfeffer aus der Mühle*
- *Muskat*

1 Die Kartoffeln am Vortag in der Schale weich kochen, abziehen und zugedeckt an einem kühlen Ort aufbewahren.

2 Den Speck fein würfeln und mit der Petersilie gut vermischen. Aus den Speckwürfeln kleine Kugeln formen.

3 Die Kartoffeln durch die Kartoffelpresse in eine Schüssel drücken. Mehl, Grieß, Eier, Salz, Pfeffer und eine Prise Muskat dazugeben und alles zu einem lockeren Teig verarbeiten.

4 Aus dem Teig Rollen formen und knapp tennisballgroße Stücke abschneiden. Die Stücke auf der Handfläche flach drücken. Jeweils eine Speckkugel in die Mitte geben und glatte runde Knödel formen. Reichlich Salzwasser in einem großen, weiten Topf aufkochen und die Knödel darin bei milder Hitze gar ziehen lassen.

TIPP Kartoffeln sollten dunkel, kühl und gut belüftet lagern. Ein trockener, kühler Keller eignet sich daher für die Langzeitlagerung am besten.

ZUTATEN FÜR 4 PORTIONEN

- *1 Brötchen vom Vortag*
- *1 Zwiebel*
- *1 EL Butter*
- *550 g gemischtes Hackfleisch*
- *1 Ei*
- *Salz und Pfeffer aus der Mühle*
- *1 l Fleischbrühe*
- *2 Lorbeerblätter*

KAPERNSAUCE

- *50 g Butter*
- *45 g Mehl*
- *3 EL Kapern*
- *½ Bund Schnittlauch*
- *Salz und Pfeffer aus der Mühle*
- *3 EL Zitronensaft*
- *2 Eigelb*
- *80 g Crème fraîche*

KÖNIGSBERGER KLOPSE ▸

1 Das Brötchen etwa 10 Minuten in lauwarmem Wasser einweichen. Die Zwiebel abziehen und fein würfeln. In einer kleinen Pfanne die Butter zergehen lassen, die gehackte Zwiebel hineingeben und 5 Minuten glasig dünsten. Beiseite stellen.

2 Das Brötchen gut ausdrücken und zerpflücken, mit dem Hackfleisch, der Zwiebel, dem Ei und den Gewürzen gut vermengen.

3 Mit feuchten Händen aus dieser Fleischmasse Klopse von etwa 4 Zentimeter Durchmesser formen. Die Fleischbrühe mit den Lorbeerblättern würzen und aufkochen lassen. Die Fleischklöße hineingeben und in 15 bis 20 Minuten bei milder Hitze gar ziehen lassen. Mit der Schaumkelle aus der Fleischbrühe nehmen, in eine vorgewärmte Schüssel geben und mit Alufolie zudecken. ½ Liter Fleischbrühe beiseite stellen.

4 Für die Kapernsauce die Butter in einem Topf heiß werden lassen, das Mehl zugeben und 3 Minuten unter Rühren durchschwitzen. Mit der beiseite gestellten Fleischbrühe aufgießen. Mit dem Schneebesen glatt rühren und 10 Minuten bei milder Hitze sieden lassen, dabei immer wieder umrühren.

5 Die Kapern und den Schnittlauch zugeben, mit Salz, Pfeffer und Zitronensaft gut abschmecken. Die Eigelbe verquirlen und mit der Crème fraîche unterziehen. Die Klöße in die Sauce geben und kurz erhitzen. Mit Salzkartoffeln oder Kartoffelbrei servieren.

INFO Königsberger Klopse, eine Spezialität aus Ostpreußen, sind auch heute noch eine Delikatesse – vor allem die Berliner lieben sie sehr!

Thüringer Mettbällchen

Zutaten für 4 Portionen

- *90 g Weißbrot (3 Scheiben)*
- *4 Schalotten*
- *500 g Thüringer Mett (gewürztes Schweinehack)*
- *2 EL fein gehackte Petersilie*
- *1 TL Dijon-Senf*
- *1 Ei*
- *Salz und Pfeffer aus der Mühle*
- *4 EL Pflanzenöl*

1 Das Weißbrot entrinden und in kaltem Wasser einweichen. Die Schalotten abziehen und fein würfeln. Mett mit ausgedrücktem, zerpflücktem Weißbrot, Schalottenwürfeln, Petersilie, Senf und Ei verkneten, mit Salz und Pfeffer würzen.

2 Mit nassen Händen aus dem Teig kleine Bällchen formen. Sie sollten etwas kleiner als Tischtennisbälle sein, sonst wird die Bratzeit zu lang. Das Öl in einer weiten Pfanne erhitzen, die Bällchen darin portionsweise etwa 15 Minuten braten.

Fasanenklösschen

Zutaten für 4 Portionen

- *140 g entsehnte und enthäutete Fasanenbrust*
- *140 g Fasanenleber*
- *Muskat*
- *Salz und Pfeffer aus der Mühle*
- *200 g Sahne*
- *1 Eiweiß*
- *20 g Périgord-Trüffel*
- *1 TL Butter*
- *400 ml Geflügelfond*

1 Fasanenbrust und Leber getrennt in kleine Würfel schneiden. Mit Muskat, Salz und Pfeffer würzen. Abgedeckt 1 Stunde kühlen.

2 Sahne in einen Behälter füllen und 5 Minuten in das Tiefkühlfach stellen. Fasanenbrust mit der Sahne in der Küchenmaschine pürieren, Leber und Eiweiß dazugeben und ebenfalls pürieren. Durch ein feines Sieb streichen.

3 Trüffel in feine Würfel schneiden, in Butter anschwitzen, erkalten lassen und unter die Farce mischen. Mit einem Teelöffel kleine Klößchen abstechen, im leicht kochenden Geflügelfond pochieren. Mit der Schaumkelle herausheben, abtropfen lassen und mit Suppe servieren.

Tipp Sie können das Fleisch und die Leber auch durch den Fleischwolf drehen; dazu benutzen Sie die grobe Scheibe.

Schwammerlnockerln

Zutaten für 4 Portionen

- *Semmelknödelteig (→ Rezept Seite 36)*
- *250 g Steinpilze (ersatzweise Egerlinge)*
- *1 Schalotte*
- *1 Stange Lauch*
- *1 EL Butter*
- *2 EL durchwachsene Speckwürfel*
- *2 EL fein gehackte Petersilie*

1 Den Semmelknödelteig wie angegeben vorbereiten.

2 Die Stielenden der Pilze und alle wurmigen Stellen abschneiden. Grob hacken. Die Schalotte abziehen und fein würfeln. Den Lauch putzen (nur den weißen Teil verwenden) und in feine Ringe schneiden. Die Butter zerlassen, Schalottenwürfel und Lauch darin glasig dünsten, Speckwürfel, Pilze und Petersilie hinzufügen und kurz anschwitzen. Beiseite stellen und abkühlen lassen.

3 Die Masse mit dem Semmelknödelteig vermengen. Mit einem Esslöffel vom Teig Nockerln abstechen und mit der linken nassen Handfläche glatt drehen. Die Nockerln in kochendes Salzwasser geben und bei milder Hitze gar ziehen lassen.

Pilzknödel

Zutaten für 4 Portionen

- *500 g Champignons*
- *50 g Butter*
- *8 Brötchen vom Vortag*
- *200 ml Milch*
- *3 Eier*
- *2 Eigelb*
- *3 EL fein gehackte Petersilie*
- *Salz und Pfeffer aus der Mühle*

1 Champignons putzen, waschen, fein schneiden und in heißer Butter andünsten, bis die Flüssigkeit verdampft ist.

2 Inzwischen die Brötchen fein würfeln und in eine Schüssel geben. Die Milch erwärmen und über die Brötchen geben. Zugedeckt 20 Minuten quellen lassen. Mit den Eiern, den Eigelben, der Petersilie und den Pilzen gut vermengen und kräftig würzen. Die Masse zu einem geschmeidigen Teig verarbeiten – eventuell etwas Milch hinzufügen, ist der Teig zu weich, etwas Mehl untermengen.

3 Mit feuchten Händen tennisballgroße Knödel formen. In einem großen Topf reichlich Salzwasser zum Kochen bringen. Die Knödel in das kochende Wasser einlegen und im offenen Topf bei milder Hitze etwa 20 Minuten garen.

TIPP Schmeckt hervorragend als Beilage zu Wildgerichten.

Süsse Knödel und Klösse

ERDBEERKNÖDEL

ZUTATEN FÜR 4-6 PORTIONEN
- *500 g Magerquark*
- *100 g weiche Butter*
- *Salz*
- *1 TL abgeriebene Zitronenschale*
- *1 Ei*
- *1 Eigelb*
- *250 g Mehl*
- *12 Erdbeeren*

AUSSERDEM
- *100 g Weißbrot (3 Scheiben)*
- *70 g Butter*
- *25 g Zucker*
- *3 EL Mandelblättchen*

1 Den Quark möglichst bereits am Vortag in ein mit Küchenpapier ausgelegtes Sieb geben und abtropfen lassen.

2 Die Butter schaumig rühren, eine Prise Salz, Zitronenschale, Ei und Eigelb unterrühren. Dann den Quark und das Mehl dazugeben und die Masse zu einem glatten Teig verarbeiten. Im Kühlschrank abgedeckt 30 Minuten ziehen lassen.

3 Aus dem Teig eine Rolle formen, die Rolle in Scheiben schneiden, jeweils eine Erdbeere mit einer Teigscheibe umhüllen und daraus runde Knödel formen. Die Knödel in leise siedendem Salzwasser etwa 10 Minuten gar ziehen lassen. Auf einem Sieb abtropfen lassen.

4 Inzwischen das Brot reiben. Die Brösel in zerlassener Butter rösten, mit Zucker un Mandelblättchen vermischen und die Knödel darin wenden.

FRITTIERTE RICOTTAKLÖSSCHEN

ZUTATEN FÜR 4 PORTIONEN
- *250 g Ricotta*
- *250 g Mehl*
- *1 Päckchen Trockenhefe*
- *2 Eigelb*
- *Etwas Zimt*
- *1 TL abgeriebene Limettenschale*
- *90 g Waldhonig*
- *Pflanzenöl zum Ausbacken*
- *Puderzucker*
- *300 g Erdbeeren*

1 Ricotta mit Mehl, Trockenhefe, Eigelbe, Zimt, Limettenschale und Honig zu einem Teig verarbeiten und 1 Stunde quellen lassen.

2 In eine Pfanne 2 Zentimeter hoch Öl gießen und bei hoher Temperatur erhitzen. Von der Teigmasse mit zwei nassen Teelöffeln Klößchen abstechen und portionsweise im heißen Öl etwa 3 bis 4 Minuten frittieren. Herausnehmen und auf Küchenpapier gut abtropfen lassen, das hilft Ihnen, Fett zu sparen.

3 Die abgekühlten Ricottaklößchen mit Puderzucker bestäuben.

4 Die Erdbeeren verlesen, waschen, putzen und vierteln. Die Ricottaklößchen mit Erdbeeren servieren.

Topfen-Kartoffel-Knödel

Zutaten für 4 Portionen
- *500 g Quark (20 % Fett)*
- *700 g große mehlig kochende Kartoffeln*
- *100 g Mehl*
- *100 g Wiener Grießler (besonders griffiges Mehl)*
- *140 g Butter*
- *Salz*
- *12 Früchte (Erdbeeren, entsteinte Aprikosen oder Zwetschgen)*
- *30 g Zucker*
- *100 g Weißbrot (3 Scheiben)*
- *1 TL Zimt*

1 Den Quark (Topfen) in ein mit Küchenpapier ausgelegtes Sieb geben und abtropfen lassen.

2 Den Backofen auf 190 °C vorheizen (Umluft 170 °C). Die Kartoffeln waschen und ungeschält 1 Stunde im Ofen garen. Die Kartoffeln halbieren und auslöffeln, 500 Gramm Kartoffelmasse abwiegen, durch die Presse drücken und zum Topfen geben. Mehl, Grießler, 1 Esslöffel Butter und eine Prise Salz untermengen. Die Masse zu einem glatten Teig verarbeiten. Im Kühlschrank 30 Minuten ziehen lassen.

3 Aus dem Kartoffelteig eine dicke Rolle formen, die Rolle in Scheiben schneiden, jeweils eine Frucht mit einer Teigscheibe umhüllen und daraus runde Knödel formen. Leicht gesalzenes und gezuckertes Wasser erhitzen und die Knödel in leise siedendem Wasser in etwa 15 Minuten gar ziehen lassen. Mit der Schaumkelle herausheben und gut abtropfen lassen.

4 Inzwischen das Weißbrot reiben. Die Brösel in der restlichen zerlassenen Butter rösten, mit Zucker und Zimt vermischen und die Knödel darin wenden.

Quarkklösse

Zutaten für 4 Portionen
- *100 g weiche Butter*
- *Salz*
- *1 TL abgeriebene Zitronenschale*
- *4 Eier*
- *500 g Magerquark*
- *130 g Grieß*
- *30 g Zucker*
- *1 TL Zimt*

1 Die Butter in einer Schüssel schaumig rühren, eine Prise Salz, Zitronenschale und Eier unterrühren.

2 Den Quark und nach und nach den Grieß dazugeben. Die Masse zu einem glatten Teig verarbeiten. Abgedeckt 30 Minuten ziehen lassen.

3 Mit feuchten Händen Klöße formen. Wenig gesalzenes Wasser erhitzen und die Knödel in leise siedendem Wasser etwa 15 Minuten gar ziehen lassen. Auf einem Sieb abtropfen lassen.

4 Mit Zimtzucker bestreuen. Mit Kompott oder Fruchtsauce servieren.

MARILLENKNÖDEL ▸

ZUTATEN FÜR 4 PORTIONEN

- *500 g mehlig kochende Kartoffeln*
- *100 g Mehl*
- *30 g Grieß*
- *1 Ei*
- *80 g Butter*
- *Salz*
- *12 Aprikosen*
- *12 Stück Würfelzucker*
- *80 g Semmelbrösel*

1 Die Kartoffeln in der Schale kochen, abziehen und durch die Kartoffelpresse drücken. Mit Mehl, Grieß, Ei, 2 Esslöffeln zerlassener Butter und einer Prise Salz rasch zu einem Teig verarbeiten. 10 Minuten quellen lassen. Inzwischen die Aprikosen (Marillen) waschen, entsteinen und in jede Marille statt des Steins 1 Stück Würfelzucker stecken.

2 In einem großen Topf reichlich Salzwasser zum Kochen bringen. Den Teig zu einer Rolle formen, dünne Scheiben davon abschneiden. Jede Frucht mit Teig umhüllen und mit feuchten Händen zu einem Knödel formen. Die Knödel in das leicht kochende Salzwasser geben und etwa 10 Minuten bei milder Hitze ziehen lassen. Mit der Schaumkelle herausnehmen.

3 Inzwischen die restliche Butter in einer Pfanne aufschäumen lassen. Die Semmelbrösel darin unter Rühren leicht rösten. Die abgetropften Knödel in den Bröseln wälzen.

KIRSCHKNÖDEL

ZUTATEN FÜR 4-6 PORTIONEN

- *1 kg mehlig kochende Kartoffeln*
- *280 g Mehl*
- *1 Ei*
- *30 g Grieß*
- *60 g Butter*
- *300 g entsteinte Sauerkirschen*
- *100 g Weißbrot (3 Scheiben)*
- *70 g Butter*
- *2 EL Puderzucker*

1 Die Kartoffeln in der Schale weich kochen, Schale abziehen und Kartoffeln noch heiß durch die Kartoffelpresse drücken.

2 Mehl, Ei, Grieß und Butter hinzugeben und die Masse zu einem festen Teig verarbeiten. Aus dem Teig eine Rolle formen, die Rolle in Scheiben schneiden, jeweils 3 bis 4 Kirschen mit einer Teigscheibe umhüllen und daraus runde Knödel formen.

3 Die Knödel in reichlich kochendem Salzwasser bei milder Hitze etwa 10 Minuten ziehen lassen, dann auf einem Sieb abtropfen lassen.

4 Unterdessen das Weißbrot reiben und die Brösel in zerlassener Butter rösten. Die Knödel mit Brösel und Puderzucker bestreuen. Sofort servieren. Die Knödel schmecken am besten heiß.

Waldviertler Birnenknödel

Zutaten für 4 Portionen

- 2 große Birnen
- 1 TL abgeriebene Zitronenschale
- 1 EL Zucker
- 500 g Kartoffeln
- 100 g Grieß
- 100 g Mehl
- 2 EL Butter
- 1–2 Eier
- Salz
- 1 Msp. Zimt
- 130 g gemahlene Haselnüsse
- 2 EL Puderzucker

1 Die Birnen schälen, Stiel, Blütenansatz und Kerngehäuse entfernen. In kleine Stücke schneiden und mit etwas Wasser, Zitronenschale und Zucker 15 Minuten garen. Herausnehmen und gut abtropfen lassen.

2 Inzwischen die Kartoffeln in der Schale kochen, abziehen und noch heiß durch die Kartoffelpresse drücken. Mit Grieß, Mehl, Butter, Ei, einer Prise Salz und Zimt vermengen. Die abgekühlten Birnenstückchen in den Teig einarbeiten.

3 In einem großen Topf reichlich Salzwasser zum Kochen bringen. Aus dem Teig mit nassen Händen kleine Knödel formen, diese in das kochende Wasser einlegen und bei milder Hitze etwa 15 Minuten ziehen lassen.

4 Die Haselnüsse mit dem Puderzucker vermischen. Die Knödel mit der Schaumkelle herausheben, kurz abtropfen lassen und im Nuss-Zucker-Gemisch wälzen. Sofort servieren.

Apfel-Calvados-Knödel

Zutaten für 4 Portionen

- 500 g Äpfel
- 1 EL Zitronensaft
- 25 g Butter
- 1 EL Calvados
- 2 Eier
- 200 g Semmelbrösel
- 30 g Zucker
- 1/4 TL Zimt
- 1 Msp. Vanillezucker
- 80 g Rosinen
- 1–2 EL Mehl
- Butterschmalz zum Ausbacken

1 Die Äpfel schälen, fein raspeln und mit Zitronensaft beträufeln, damit sie nicht braun werden. In zerlassener Butter kurz durchschwenken, mit Calvados verfeinern. Die Pfanne vom Herd nehmen und etwas abkühlen lassen.

2 Die Eier zugeben, mit der Apfelmasse gut vermischen. Semmelbrösel, Zucker, Zimt, Vanillezucker und Rosinen unterrühren. Die Masse eine Weile stehen lassen. Ist sie zu feucht, noch etwas Semmelbrösel dazugeben. Anschließend Knödel formen, in Mehl wenden und in siedendem Fett ausbacken.

Pflaumenklösse Thüringer Art

Zutaten für 4 Portionen

- 750 g Kartoffeln
- 2 Eier
- Salz
- 100 g Mehl
- 2 EL Kartoffelstärke
- 16 Pflaumen
- 16 Stück Würfelzucker
- 150 g Weißbrot (5 Scheiben)
- 60 g Butter
- 25 g Zucker

1 Die Kartoffeln in der Schale weich kochen, abziehen und noch heiß durch die Kartoffelpresse drücken. Die Eier verquirlen und zusammen mit einer Prise Salz, dem Mehl und der Stärke zur Kartoffelmasse geben. Alles zu einem Teig verkneten.

2 Die Pflaumen waschen, entsteinen und mit je 1 Stück Würfelzucker füllen. Aus dem Teig acht Stücke abteilen. Je 2 Pflaumen in die Mitte geben und Klöße formen.

3 In einem weiten Topf reichlich Salzwasser zum Kochen bringen. Die Klöße in das kochende Wasser geben und einmal aufkochen lassen. Im offenen Topf bei milder Hitze etwa 20 Minuten garen. Abtropfen lassen.

4 Inzwischen das Weißbrot reiben. Die Brösel in zerlassener Butter rösten, mit Zucker vermischen und die Klöße darin wenden.

Apfelklösse

Zutaten für 4 Portionen

- 3 Eier
- 100 g Butter
- $\frac{1}{8}$ l Milch
- Salz
- 250 g Mehl
- 1 kg Äpfel
- 2 EL Limettensaft
- 1 EL Calvados
- 1 TL Zimt
- 30 g Zucker
- 50 g Mandelblättchen

1 Die Eier schaumig rühren. 30 Gramm Butter in einer Pfanne erhitzen und zusammen mit der Milch und einer Prise Salz zu den Eiern geben. Das gesiebte Mehl nach und nach unterrühren, bis ein glatter Teig entsteht.

2 Die Äpfel schälen, entkernen und fein würfeln. Die Apfelwürfel mit Limettensaft und Calvados beträufeln und unter den Teig rühren.

3 Mit einem Esslöffel kleine Klöße abstechen, diese in Salzwasser 10 Minuten ziehen lassen. Zimt und Zucker vermengen. Die restliche Butter in einem Topf zerlassen, die Mandelblättchen in einer Pfanne trocken rösten.

4 Die Klöße aus dem Wasser heben und auf einem Sieb abtropfen lassen. Mit Zimtzucker und Mandelblättchen bestreuen und mit der gebräunten Butter begießen.

PFLAUMENKNÖDEL AUS BRANDTEIG ▸

ZUTATEN FÜR 4 PORTIONEN

- *¼ l Wasser*
- *130 g Butter*
- *Salz*
- *160 g Mehl*
- *1 Ei*
- *12 Pflaumen*
- *12 Stück Würfelzucker*
- *100 g Weißbrot (3 Scheiben)*
- *25 g Zucker*
- *3 EL Mandelblättchen*

1 Für den Brandteig in einem Topf das Wasser, 30 Gramm Butter und eine Prise Salz aufkochen. Das Mehl einrühren und bei milder Hitze so lange rühren, bis sich der Teig vom Topfboden löst. Etwas abkühlen lassen und das Ei einrühren.

2 Die Pflaumen waschen, entsteinen und in jede Pflaume statt des Steins 1 Stück Würfelzucker stecken. Aus dem Teig eine 5 Zentimeter dicke Rolle formen, die Rolle in zwölf Scheiben schneiden. Jeweils eine Pflaume mit einer Teigscheibe umhüllen und daraus runde Knödel formen.

3 Leicht gesalzenes Wasser erhitzen und die Knödel in leise siedendem Wasser etwa 8 Minuten garen. Mit der Schaumkelle herausnehmen und abtropfen lassen.

4 Inzwischen das Weißbrot reiben. Die Brösel in der restlichen erhitzten Butter rösten, mit Zucker und Mandelblättchen vermischen und die Knödel darin wenden.

SÜSSE MILCHKNÖPFLE

ZUTATEN FÜR 4 PORTIONEN

- *½ l Milch*
- *30 g Butter*
- *Salz*
- *125 g Mehl*
- *6 Eier*

AUSSERDEM

- *1 l Milch zum Kochen*
- *3 Eigelb*
- *60 g Zucker*
- *1 Päckchen Vanillezucker*
- *Etwas abgeriebene Zitronenschale*

1 In einem Topf Milch, Butter und eine Prise Salz aufkochen. Das Mehl einrühren und bei milder Hitze so lange rühren, bis sich der Teig vom Topfboden löst. Dann vom Feuer nehmen und die Eier einrühren. Mit einem Teelöffel Klößchen abstechen.

2 Von der Milch zum Kochen 3 Esslöffel Milch abnehmen und beiseite stellen. Die restliche Milch aufkochen, die Klöße hineingeben und bei sanfter Hitze 5 Minuten kochen lassen, weitere 5 Minuten ziehen lassen. Herausheben und warm stellen.

3 Die Eigelbe mit den 3 Esslöffeln Milch vermengen und zur heißen Milch geben, mit Zucker, Vanillezucker und Zitronenschale verfeinern, dabei aufpassen, dass die Milch nicht mehr zum Kochen kommt. Als Sauce zu den Milchknöpfle servieren.

Kirschklösse

Zutaten für 4 Portionen

- 300 g Mehl
- 25 g Hefe
- 50 g Zucker
- 130 ml lauwarme Milch
- 140 g Butter
- 350 g Herzkirschen
- 80 g Semmelbrösel

1 Das Mehl in eine Schüssel sieben, in die Mitte eine Mulde drücken. Die Hefe mit 1 Teelöffel Zucker und etwas lauwarmer Milch verrühren, in die Mulde gießen und den Vorteig zugedeckt an einem warmen Platz 15 Minuten gehen lassen.

2 Den Vorteig von der Mitte her zusammen mit dem restlichen Zucker, der restlichen Milch und 40 Gramm zerlassener Butter zu einem Teig verkneten. Den Teig kräftig schlagen, bis er Blasen wirft. Abdecken und 30 Minuten aufgehen lassen. Mit einem Esslöffel Stücke abteilen und flach drücken. Die Teigstücke auf ein bemehltes Brett setzen und 20 Minuten ruhen lassen.

3 Die Kirschen waschen und entsteinen. Die Teigstücke mit bemehlten Händen von innen her zu flachen Küchlein auseinander ziehen und jeweils mit etwa 6 bis 8 Kirschen füllen. Dann zu runden Klößen formen.

4 Reichlich Salzwasser zum Kochen bringen. Die Klöße in das kochende Wasser geben und etwa 10 Minuten bei milder Hitze ziehen lassen. Sobald die Klöße aufsteigen, mit der Schaumkelle herausnehmen.

5 Inzwischen die restliche Butter erhitzen. Die Semmelbrösel darin leicht rösten. Die Klöße in den Bröseln wälzen, mit der Butter übergießen und sofort servieren.

Heidelbeernocken

Zutaten für 4 Portionen

- 500 g Heidelbeeren
- 300 g Mehl
- Salz
- 2 EL Zucker
- $\frac{1}{4}$–$\frac{1}{2}$ l Milch
- 130 g Butter
- 2 EL Puderzucker

1 Heidelbeeren waschen und gut abtropfen lassen. Mit dem Mehl, einer Prise Salz und dem Zucker vermischen.

2 Milch erhitzen und nach und nach zur Beerenmasse geben, alles miteinander verrühren, bis ein glatter Teig entsteht. Mit einem Esslöffel Nocken abstechen.

3 In einer Pfanne die Butter erhitzen, die Nocken darin auf beiden Seiten goldbraun backen. Mit Puderzucker bestreuen.

Dampfnudeln (süss)

Zutaten für 4 Portionen

- *500 g Mehl*
- *30 g Hefe*
- *2 EL Zucker*
- *1/4 l lauwarme Milch*
- *2 EL Butter*
- *2 Eier*
- *1 Prise Salz*

Zum Backen

- *60 g Butterschmalz*
- *1 EL Zucker*
- *1/4 l lauwarme Milch*

1 Das Mehl in eine Schüssel sieben, in die Mitte eine Mulde drücken. Die Hefe mit 1 Esslöffel Zucker unter ständigem Rühren in der lauwarmen Milch auflösen. Die Hefemischung in die Mehlmulde gießen und vom Rand her zu einem Vorteig verrühren. Mit einem Tuch abdecken und an einem warmen Ort 30 Minuten gehen lassen.

2 Die Butter zerlassen. Eier, Salz, Butter und den restlichen Zucker in den Vorteig einarbeiten und alles so lange verkneten, bis sich der Teig von Schüssel und Händen löst, dabei den Teig noch einmal kräftig durcharbeiten und mit der Hand schlagen, damit genügend Luft hineinkommt. Etwas Mehl darüberstäuben und an einem warmen, vor Luftzug geschützten Ort etwa 30 Minuten gehen lassen.

3 Den Teig noch einmal durchkneten und 4 Zentimeter dicke Rollen formen. Gleichmäßige, etwa 5 Zentimeter lange Stücke davon abschneiden und jedes Stück zu einer glatten Kugel rollen. Auf einem bemehlten Backbrett zugedeckt weitere 30 Minuten gehen lassen.

4 Butterschmalz in einer geräumigen Pfanne heiß werden lassen, den Zucker einstreuen und karamellisieren lassen. Dann die Dampfnudeln hineinsetzen und 4 Minuten anbraten.

5 Die Milch in die Zwischenräume – keinesfalls auf die Dampfnudeln – gießen. Den Deckel aufsetzen und die Hitze reduzieren. Ein feuchtes Tuch obenauf legen und die Nudeln 20 Minuten bei schwacher Hitze dämpfen lassen. Dabei nicht den Deckel heben, damit die Dampfnudeln nicht zusammenfallen. Mit Kompott servieren.

TIPP Sie können die Dampfnudeln sowohl im Backofen als auch auf dem Herd zubereiten. Süße Dampfnudeln schmecken besonders gut zu eingemachtem Obst, Dörrobstkompott oder zu brauner Butter mit Obst.

Dampfnudeln ohne Zucker ▸

ZUTATEN FÜR 6 PORTIONEN

- *1 kg Mehl*
- *45 g Hefe*
- *½ l lauwarme Milch*
- *1 Ei*
- *1 Prise Salz*
- *1 EL Öl*

ZUM BACKEN

- *2 EL Öl*
- *¼ l heißes Wasser*
- *1 Prise Salz*

1 Das Mehl in eine Schüssel häufen, oben eine Mulde eindrücken. Die Hefe in eine zweite Schüssel zerbröckeln und mit der lauwarmen Milch zu einem Vorteig verrühren. Die Hefemischung etwa 10 Minuten an einem warmen Ort gehen lassen.

2 Das Ei in die Mulde schlagen, den aufgegangenen Vorteig, eine Prise Salz und das Öl einrühren und alles zu einem geschmeidigen Teig verarbeiten. Den Teig 30 Minuten zugedeckt gehen lassen.

3 Aus dem Teig eine Rolle formen, daraus Stücke schneiden und zu Küchlein formen. Auf einem bemehlten Backbrett weitere 30 Minuten zugedeckt gehen lassen.

4 Das Öl in einer weiten Pfanne mit gut schließendem Deckel erhitzen, das heiße Wasser und eine Prise Salz hinzufügen und die Dampfnudeln hineinsetzen. Zugedeckt bei mittlerer Hitze etwa 20 Minuten dämpfen. Während des Garens auf keinen Fall den Deckel heben!

5 Sobald die Dampfnudeln gar sind, sofort den Deckel entfernen, damit kein Kondenswasser auf die Dampfnudeln tropft. Mit Weinsauce (siehe unten) servieren.

Weinsauce

ZUTATEN FÜR 6 PORTIONEN

- *3 Eier*
- *150 g Zucker*
- *1 ½ EL abgeriebene Zitronenschale*
- *1 ½ EL Vanillezucker*
- *1 ½ TL Speisestärke*
- *375 ml Weißwein*
- *1 ½ EL Zitronensaft*

1 Die Eier mit dem Zucker schaumig schlagen, Zitronenschale, Vanillezucker und Speisestärke dazugeben, dann Weißwein und Zitronensaft untermischen.

2 Die Weinsauce langsam und unter Schlagen zum Aufwallen bringen (sie darf aber keinesfalls sprudelnd kochen). Die Hitze reduzieren und die Sauce mindestens noch 1 Minute mit dem Schneebesen schlagen, bis sie schaumig ist.

3 Zu den heißen Dampfnudeln in Suppentellern servieren.

REISKNÖDEL MIT ERDBEEREN

ZUTATEN FÜR 4 PORTIONEN

- 20 Erdbeeren
- 300 g Rundkornreis
- 600 ml Milch
- 80 g Zucker
- Abgeriebene Schale von 1/2 unbehandelten Zitrone
- 1 Prise Salz
- 2 Eier
- 100 g Mehl
- 100 g Weißbrot (3 Scheiben)
- 70 g Butter
- 1 EL Zimt

1 Die Erdbeeren waschen und das Grün abzupfen. Beiseite stellen.

2 Den Reis mit der Milch, 1 Esslöffel Zucker, der Zitronenschale und dem Salz aufkochen lassen und zugedeckt bei schwacher Hitze 40 Minuten garen. Die Körner müssen alle Flüssigkeit aufgesogen haben und sehr weich sein. Abkühlen lassen.

3 In einem Topf Salzwasser aufkochen lassen. Eier und Mehl mit dem Reisbrei verarbeiten und 10 Knödel formen. Jeden Knödel mit 2 Erdbeeren füllen. Die Knödel in das kochende Wasser geben und einmal aufkochen lassen. Im offenen Topf bei milder Hitze etwa 30 Minuten garen.

4 Inzwischen das Weißbrot reiben. Die Brösel in zerlassener Butter rösten und leicht bräunen. Den restlichen Zucker mit dem Zimt vermischen. Die Knödel herausheben und abtropfen lassen. Mit Brösel und Zimtzucker bestreuen.

SCHWEDENKNÖPFLE

ZUTATEN FÜR 4 PORTIONEN

- 400 g Weißbrot
- 3/4 l Milch
- 1 TL Zimt
- 50 g Zucker
- 50 g Butter
- 50 g Mehl
- 1 Ei
- 80 g Semmelbrösel
- Pflanzenöl zum Ausbacken

AUSSERDEM

- Zimt und Zucker zum Bestreuen

1 Das Weißbrot würfeln. Mit der Milch übergießen, mit Zimt und Zucker bestreuen. Alles gut vermischen.

2 Butter in einer Pfanne aufschäumen lassen. Den Brotbrei in der Pfanne anrösten. Vom Herd nehmen und den Brei abkühlen lassen. Mehl und Ei unter den Brei mischen. Mit angefeuchteten Händen kleine, ovale Klößchen formen.

3 Die Klößchen in Semmelbröseln wenden. In eine Pfanne 2 Zentimeter hoch Öl gießen und bei hoher Temperatur erhitzen. Portionsweise im heißen Öl 3 bis 4 Minuten ausbacken.

4 Mit der Schaumkelle herausnehmen und auf Küchenpapier gut abtropfen lassen. Mit Zimt und Zucker bestreuen. Sofort servieren.

Griesszimtknödel mit Kirschen

Zutaten für 4 Portionen

- *¾ l Milch*
- *½ TL Zimt*
- *1 Prise Salz*
- *100 g Weichweizengrieß*
- *1 Ei*
- *Zimtzucker*

Flambierte Kirschen

- *250 g Süßkirschen*
- *50 g brauner Zucker*
- *⅛ l Rotwein*
- *1 unbehandelte Zitrone*
- *1 EL Kirschmarmelade*
- *2 cl Kirschwasser*

1 ½ Liter Milch mit Zimt und Salz aufkochen, Grieß einrühren, 5 Minuten köcheln lassen, abkühlen lassen. Das Ei einarbeiten. Knödel formen, in restlicher Milch sanft 10 bis 15 Minuten pochieren. Herausnehmen und in Zimtzucker wälzen.

2 Unterdessen Kirschen waschen, entstielen und entsteinen. Zucker in einer heißen Pfanne karamellisieren. Mit Rotwein ablöschen, Saft und abgeriebene Schale der Zitrone und Kirschmarmelade dazugeben. Die Kirschen zufügen, gut vermengen und etwas einkochen. Kirschwasser angießen und flambieren. Grießzimtknödel mit flambierten Kirschen servieren.

Griessklösschen mit Früchten

Zutaten für 4 Portionen

- *200 ml Milch*
- *1 Prise Salz*
- *2 EL Zucker*
- *2 EL Butter*
- *75 g Grieß*
- *1 Ei*

Fruchtkompott

- *2 Nektarinen*
- *300 g Erdbeeren*
- *2 EL Puderzucker*
- *100 g Herzkirschen*

1 Die Milch mit Salz, Zucker und Butter aufkochen. Grieß und Ei hinzufügen und sorgfältig verrühren. Abkühlen lassen.

2 Unterdessen reichlich Salzwasser zum Kochen bringen. Aus dem Teig mit zwei nassen Teelöffeln kleine Klößchen formen, diese in das kochende Wasser einlegen und bei milder Hitze etwa 10 Minuten ziehen lassen. Herausnehmen.

3 Inzwischen Nektarinen waschen, entsteinen und in dünne Spalten schneiden. Erdbeeren waschen und vierteln. Die Hälfte der Erdbeeren mit dem Puderzucker durch ein feinmaschiges Sieb streichen. Herzkirschen waschen und entsteinen. Die restlichen Erdbeeren mit den Kirschen mischen und mit dem Erdbeermark vermengen. Nektarinenspalten dazugeben. Grießklößchen mit dem Fruchtkompott servieren.

Germknödel mit Mohn

Zutaten für 4 Portionen

- *15 g Hefe*
- *1 TL Zucker*
- *60 ml lauwarme Milch*
- *250 g Mehl*
- *1 Ei*
- *1½ EL Zucker*
- *Salz*
- *50 g weiche Butter*
- *1 TL abgeriebene Zitronenschale*
- *100 g Pflaumenmus*
- *1 EL Zwetschgenwasser*
- *100 g gemahlener Mohn*
- *50 g Puderzucker*
- *120 g Butter*

1 Für den Vorteig die Hefe mit dem Zucker und etwas Milch verrühren, 1 Esslöffel Mehl unterrühren. Den Vorteig zugedeckt warm stellen und 15 Minuten gehen lassen.

2 Dann den Vorteig mit dem restlichen Mehl, Ei, Zucker, einer Prise Salz, Butter, Zitronenschale und der restlichen lauwarmen Milch zu einem Teig verkneten, dabei den Teig so lange schlagen, bis er glänzt und sich leicht vom Kochlöffel lösen lässt. Den Teig zugedeckt 1 Stunde ruhen lassen.

3 Das Pflaumenmus mit dem Zwetschgenwasser vermischen. Den Teig in acht gleich große Stücke teilen und flach drücken. In die Mitte jeder Teigscheibe 1 Esslöffel Pflaumenmus geben. Acht Klöße formen und auf ein bemehltes Brett geben, wo sie erneut zugedeckt 15 bis 20 Minuten gehen können.

4 In einem großen Topf reichlich Salzwasser zum Kochen bringen. Die Klöße in das leicht kochende Wasser geben, dabei darauf achten, dass sie sich nicht gegenseitig berühren (eventuell zwei Töpfe verwenden). Offen bei milder Hitze etwa 12 Minuten garen lassen. Nach der Hälfte der Kochzeit die Klöße vorsichtig wenden. Mit einer Nadel die Garprobe machen. Sie sind gar, wenn an der Nadel kein Teig haften bleibt. Die Germknödel mit der Schaumkelle aus dem Wasser nehmen, gut abtropfen lassen.

5 Den Mohn mit dem Puderzucker vermischen. Die Butter in einer Pfanne zerlassen. Die Knödel mit heißer Butter übergießen, mit gezuckertem Mohn bestreuen und sofort servieren.

TIPP Achten Sie beim Hefeteig darauf dass alle Zutaten mindestens Zimmertemperatur haben. Sie können die Knödel auch mit Aprikosen- oder Kirschkonfitüre füllen und mit geriebenen Nüssen servieren.

ÜBER DIESES BUCH

Die Autorin
Christine Taylor hat Germanistik, Anglistik und Linguistik studiert. Seit vielen Jahren arbeitet sie als Redakteurin, Autorin und PR-Beraterin für namhafte Verlage und Unternehmen. Zu ihren Schwerpunkten zählen Kochen, Gesundheit und Reise. Christine Taylor, die in Duisburg lebt, sammelt mit Begeisterung Rezepte und kreiert auch selbst immer wieder neue Gerichte.

Der Fotograf
Karl Newedel, Münchener Fotodesigner, sammelte nach seiner Ausbildung zum Koch nationale wie internationale Erfahrung in großen Häusern, bevor er sich 1982 als freischaffender Food-Stylist einen Namen machte. Seit 1996 agiert er selbst hinter der Kamera und gibt mit seinen Fotografien zahlreichen Büchern ein unverwechselbares Gesicht.

Bildnachweis
Alle Fotos Karl Newedel, München
Alle Illustrationen: Beate Brömse, München

Haftungsausschluss
Die Inhalte dieses Buches sind sorgfältig recherchiert und erarbeitet worden. Dennoch kann weder die Autorin noch der Verlag für die Angaben in diesem Buch eine Haftung übernehmen.

Impressum

Weltbild Buchverlag
–Originalausgaben–

Steinerne Furt 67, 86167 Augsburg

Projektleitung und Redaktion:
Dr. Ulrike Strerath-Bolz
Umschlaggestaltung: X-Design, München
Titelbild: Karl Newedel, München
Innenlayout/DTP/Satz: Lydia Koch, Augsburg
Reproduktion: Point of Media GmbH, Augsburg
Druck und Bindung: aprinta Druck GmbH & Co. KG, Senefelderstr. 3–11, 86650 Wemding

Gedruckt auf chlorfrei gebleichtem Papier

Printed in Germany

ISBN 3-89897-235-6

Unsere Rezepte werden von erfahrenen Fachautoren kreiert und erprobt. Wir en uns jedoch über Anregungen, Tipps oder Kritik und helfen bei Fragen gerne weiter. Bitte wenden Sie sich an: Weltbild Buchverlag, Steinere Furt 67, 86167 Augsburg, oder schicken Sie uns eine E-Mail an: Gabriele.Beck@ weltbild.com

REZEPTVERZEICHNIS

Knödel sind kein Schnellgericht, Geduld ist beim Knödelkochen die Tugend Nummer eins. Die meisten Knödel sind gar, wenn sie von selbst an die Wasseroberfläche kommen. Wer gar nicht mehr warten mag, kann ein wenig am Topf rütteln, damit sich eventuell am Boden festgeklebte Knödel lösen, aber in der Regel ist das nicht nötig und nützt auch nicht viel. Knödel nur nach der Uhr zu kochen ist jedenfalls nicht unbedingt der richtige Weg.